“双高计划”背景下的专业群建设与评价机制研究——以信息安全技术应用专业群为例

童世华　黎　娅　唐珊珊　武春岭　刘宏宇　著

·北京·

内 容 提 要

本书聚焦国家“双高计划”“职教二十条”等国家职教政策、对接产业和人才培养质量提升，开展专业群建设路径研究。本书主要从厘清专业群“组群逻辑”及产业对接、“多元协同、德技并修、工学结合”专业群人才培养模式创新、“模块化、高共享”专业群课程体系构建与教学资源打造、“项目化、个性化”教材与教法改革、“双师型、结构化”教学创新团队打造、“强技能、融共享”产教融合实训基地与技术技能平台打造、“共发展、同提升”国际化路径开拓等方面开展研究，有针对性地对双高建设背景下的专业群建设展开研究，且具有时效性，研究成果可供高职院校专业群建设参考，用于完善专业群的建设，以及人才培养质量的提升。本书从理论研究，到实践成果提炼，均有深入阐述，希望能找到一个可行的“双高建设”路径与可持续发展保障体系。

图书在版编目（CIP）数据

“双高计划”背景下的专业群建设与评价机制研究 ：以信息安全技术应用专业群为例 / 童世华等著. -- 北京: 中国水利水电出版社, 2021.11
ISBN 978-7-5226-0242-4

Ⅰ. ①双… Ⅱ. ①童… Ⅲ. ①高等职业教育－专业设置－学科建设－研究－中国 Ⅳ. ①G718.5

中国版本图书馆CIP数据核字(2021)第231067号

策划编辑：寇文杰　　责任编辑：周春元　　封面设计：梁　燕

书　　名	“双高计划”背景下的专业群建设与评价机制研究 ——以信息安全技术应用专业群为例 “SHUANGGAO JIHUA” BEIJING XIA DE ZHUANYEQUN JIANSHE YU PINGJIA JIZHI YANJIU ——YI XINXI ANQUAN JISHU YINGYONG ZHUANYEQUN WEI LI
作　　者	童世华　黎　娅　唐珊珊　武春岭　刘宏宇　著
出版发行	中国水利水电出版社 （北京市海淀区玉渊潭南路 1 号 D 座　100038） 网址：www.waterpub.com.cn E-mail：mchannel@263.net（万水） sales@waterpub.com.cn 电话：（010）68367658（营销中心）、82562819（万水）
经　　售	全国各地新华书店和相关出版物销售网点
排　　版	北京万水电子信息有限公司
印　　刷	三河市华晨印务有限公司
规　　格	170mm×240mm　16 开本　14.75 印张　195 千字
版　　次	2021 年 11 月第 1 版　2021 年 11 月第 1 次印刷
定　　价	78.00 元

前　　言

本书是根据双高院校专业群——“信息安全技术应用专业群”建设要求而著的。本书拟将深化“双高”专业群建设与评价机制，促进高职院校专业群高质量创新发展等实践成果转化为理论研究成果，形成一部以“双高建设目标”为引领的学术专著。

本书是重庆电子工程职业学院国家双高计划“信息安全技术应用专业群”的建设成果，是教育部教师工作司项目“基于模块化教学的教师创新团队建设长效机制研究”（项目编号：TX20201101）主要研究成果，同时也是中国高等教育学会高等职业教育研究专项课题“‘双高计划’背景下的职业院校高水平专业群建设路径研究”（项目编号：2020GZD06）、重庆市教育委员会人文社会科学研究项目“大思政视阈下的‘德技双修·三育协同’社会主义核心价值观教育模式研究”（项目编号：21SKGH340）、重庆市高等教育教学改革研究项目“重庆拔尖创新型、卓越人才培养模式改革与创新研究”（项目编号：203609）的研究成果之一。

教育部、财政部联合印发《关于实施中国特色高水平高职学校和专业建设计划的意见》（简称“双高计划”）支持建设一批引领改革、支撑发展、中国特色、世界水平的高职学校和专业群。“双高计划”也被誉为职业教育领域的“双一流”。[①]高等职业院校的“双高建设”在国家发展战略中的价值和意义重大。

本书理论意义如下：

- 基于产教融合，厘清专业群组群逻辑，找准人才培养的定位。
- 探索出一条切实有效的高职专业群建设路径，助力专业群人才培养质量提升。
- 探索出一套专业群健康可持续发展的有效机制。
- 为高职院校双高建设和教育行政管理部门专业群遴选提供参考，为“双高计划”落实提供理论支撑和政策建议。

---

① 靳启颖.“双高计划”背景下高职院校档案工作发展现状与对策分析[J]. 秘书之友，2020（7）：29-32.

本书实践意义如下：

- 有助于高职院校落实国家双高计划政策，形成专业群建设机制，结合人才培养的需要，合理确定、不断优化专业群建设的具体内容和标准。
- 有助于教育行政部门、地方政府、行业主管部门联合建立高职院校专业群建设模型，引导高职院校对照中国特色高水平专业群建设标准调整专业群设置与人才培养规格。
- 结合重庆市的区域经济发展情况，研究高职院校专业群建设途径、可持续发展机制，可为提高高职院校专业群建设质量与竞争力提供参考。
- 有助于国家“双高计划”顺利实施，提升高职院校人才培养质量，提高社会对职业教育的认可度，助力塑造高职教育中国品牌。

本书聚焦国家“双高计划”“职教二十条”等国家职教政策、对接产业和人才培养质量提升，开展专业群建设路径研究。本书主要从厘清专业群“组群逻辑”及产业对接、“多元协同、德技并修、工学结合”专业群人才培养模式创新、“模块化、高共享”专业群课程体系构建与教学资源打造、“项目化、个性化”教材与教法改革、“双师型、结构化”教学创新团队打造、“强技能、融共享”产教融合实训基地与技术技能平台打造、“共发展、同提升”国际化路径开拓等方面开展研究，有针对性地对双高建设背景下的专业群建设展开研究，且具有时效性，研究成果可供高职院校专业群建设参考，用于完善专业群的建设，以及人才培养质量的提升。本书从理论研究，到实践成果提炼，均有深入阐述，希望能找到一个可行的“双高建设”路径与可持续发展保障体系。

本书从选题到查找资料、实地调研、实践操作、写作直至最后完成，历时两年有余。本书由童世华、黎娅、唐珊珊、武春岭、刘宏宇共同完成，童世华负责总体写作思路、进度安排与书稿审核，其他成员负责书稿撰写，在每一个环节中都得到企业、兄弟院校等的支持与帮助，在此表示诚挚感谢！

本书虽然已经完成，但仍有一些缺憾和不足，许多进一步深入的分析和探讨，还需要在今后的工作中不断深入，请诸位专家批评与指正！

作　者

2021 年 7 月于重庆

目　　录

第三篇 “高水平”专业群评价机制

第四篇 “高水平”专业群案例分析
——以重庆电子工程职业学院信息安全技术应用高水平专业群为例

第一篇　中国特色现代职业教育体系演进

第 1 章　中国职业教育体系演化历程

回顾我国职业教育近百年的发展历程，职业教育体系随着我国经济、政治、文化、社会的发展而不断地创新和完善，主要分为三个阶段：第一阶段，中华人民共和国成立之前，职业教育的初创与探索期；第二阶段，1949 年中华人民共和国成立之后，职业教育的改造和受挫期；第三阶段，1978 年改革开放之后，职业教育的完善与创新期。①

中华人民共和国成立初期，由于旧职业教育已经不能满足我国人民对于职业技能学习的要求，我国开始兴办中等职业技术学校，但在“文革”时期，中等技术教育遭到了否定和摧残。到了 20 世纪 80 年代，我国教育体制进行改革，教育政策和法律法规也相继完善，并确定了职业教育在后义务教育中的“分流”属性。高中教育的普及以及高等学校的大幅扩招，对职业教育影响显著。进入新时代后，职业教育发展开创了新篇章，也成为教育事业发展的战略重点之一。

1.1　中国职业教育定位及规模发展演进

随着世界新一轮产业革命的到来，我国也在不断地推进产业转型升级。由以前的“中国制造”转变为“中国智造”，需要大量的高素质技能人才，职业教育担负着培养高素质技能人才的使命，国家也不断加大对职业教育的投入，这正是职

① 白汉刚，苏敏．中国职业教育体系的演化历程[J]．中国职业技术教育，2012（18）：60-66．

业教育蓬勃发展的好时机。

1985 年 5 月 27 日《中共中央关于教育体制改革的决定》（简称《决定》）正式发布，《决定》指出我国教育体制改革的重点之一是大力发展职业技术教育。使用“职业技术教育”的概念，实际上是将新兴的职业教育与一直沿用的技术教育合二为一。

《决定》立足于社会主义现代化建设的需要，指出：“社会主义现代化建设不仅需要高级科学技术专家，而且迫切需要千百万受过良好职业技术教育的中、初级技术人员、管理人员、技工和其他受过良好职业培训的城乡劳动者。没有这样一支劳动技术大军，先进的科学技术和先进的设备就不能成为现实的社会生产力。①”

《决定》指出，职业技术教育是当前我国整个教育事业最薄弱的环节，其局面没有打开的原因，“在于长期以来对就业者的政治、文化、技术缺乏应有的要求，在于历史遗留的鄙薄职业技术教育的陈腐观念根深蒂固”，为此一定要采取切实有效的措施，改变这种状况，力争职业技术教育有一个大的发展。当前应“以中等职业技术教育为重点，同时积极发展高等职业技术院校”。②

《决定》提出建立职业教育体系的方针，即“从初级到高级，行业配套，结构合理，又能与普通教育相互沟通”，并将职业教育在国民教育体系中的定位归于“分流”：青少年从中学阶段开始分流，初中毕业生一部分升入普通高中，一部分接受高中阶段的职业技术教育；高中毕业生一部分升入普通大学，一部分接受高等职业技术教育。凡是没有升入普通高中、普通大学和职业技术学校的毕业生，可以经过短期职业技术培训再实现就业。“分流”的定位力图从机制上扭转“千军万马过独木桥”的局面，使人才培养多元化和多途化。③

① 教育部．中共中央关于教育体制改革的决定，1985.

② 教育部．中共中央关于教育体制改革的决定，1985.

③ 教育部．中共中央关于教育体制改革的决定，1985.

《决定》提出发展职业教育的主要措施：一是更新观念，要求树立劳动就业必须有一定的政治、文化和技能准备的观念；二是在改革教育体制的同时改革有关的劳动人事制度，实行“先培训后就业”的原则和持证上岗的制度。今后各单位招工，必须首先从各种职业技术学校毕业生中优先录取。一切从业人员，尤其是专业技术性较强行业的从业人员，都要像汽车司机那样必须取得考核合格证书才能走上工作岗位。这些规定开创了教育与就业良好对接的全新局面，抓住了开展职业教育的关键性配套措施。①

从《决定》正式发布到现在，尽管过去了 30 多年，其指导我国改革教育体制，创建发展职业教育的各项规定和举措，仍然具有现实的指导意义。

1993 年 11 月 11—14 日，党的第十四届三中全会在北京举行，全会审议并通过了《中共中央关于建立社会主义市场经济体制若干问题的决定》，《中共中央关于建立社会主义市场经济体制若干问题的决定》系统化、具体化地描述了我国经济体制改革的目标，市场经济体制的确立。经济体制的改变也影响了我国职业教育的发展。

1999 年，全国普通高中和普通高等教育学校进行扩招，企业进行改制，我国的中高等职业学校的招生压力陡增，由于生源减少，社会地位下降，职业教育进入了近十年的停滞发展的状态。但社会主义现代化建设也需要千百万受过良好职业技术教育的技术人员，因此近十年来，国家也开始着手振兴职业教育。2019 年，我国相继出台了《国务院关于印发国家职业教育改革实施方案的通知》（国发〔2019〕4 号）、《中华人民共和国职业教育法修订草案（征求意见稿）》等政策文件，至 2020 年，教育部发布的《职业教育提质培优行动计划（2020—2023 年）》、全国人大常委会发布的《中华人民共和国教育法（2021 修正）》、全国职业教育大会的召开等都体现了国家正在大力支持发展职业教育。

① 教育部．中共中央关于教育体制改革的决定，1985．

1.2 中国职业教育政策法规的演变

教育政策法规是政府部门依据我国政治、经济、文化、社会发展情况，调整教育内外关系，实现教育任务和目的所制定的教育行动准则。职业教育政策法规是依据我国一定时期内的国情，结合产业需求和教育目的，促进政治变革和经济建设而提出的教育发展方向和原则，是建立现代职业教育体系的依据。为更加准确地掌握职业教育的发展方法，更好地分析职业教育的发展规律，我们就应该将国家关于职业教育的政策法规研究透彻。下面从四个阶段分析职业教育政策法规的产生背景以及演变进程，期望对今后的发展具有借鉴意义。

1.2.1 职业教育萌芽阶段（1862—1912 年）

1904 年，清政府颁布了我国第一个以教育法令公布并在全国实行的学制《奏定学堂章程》，也称为《癸卯学制》。该章程将教育划分为初等、中等、高等三个阶段，规定了各级各类学堂的性质、任务、入学条件、修业年限等内容，并对课程设置、教员任用资格以及学校行政管理等进行了调整和规范。清政府时期的国民教育包括实业教育、普通教育及师范教育，实业教育也建立了我国职业教育实施体制的雏形。

《奏定学堂章程》是我国在“中体西用”思想的指导下，学习日本政府教育政策，并结合我国教育教学需求而制定的教育法规。该章程通过在教学内容中融入自然科学知识和社会政治思想，改革教育教学内容；通过分类分阶段教学，改革课程设置。《奏定学堂章程》规定设置实业学堂，目的在于让全国人民具备谋生的才能、智慧、技艺，以达到富民富国的根本目的，这也奠定了我国职业教育的基础。

但由于《奏定学堂章程》的制定者对当时的国情了解分析得不充分，关于实业学堂的各项政策规定基本是依据日本相关政策而制定的，与当时我国的经济、政治、文化、社会的发展情况和我国的实业教育人才培养的目的不相符合，并且由于当时的封建体制，并没有给予女子受教育的机会，较大程度上制约了女子文化程度的提升。从《奏定学堂章程》的不足可知，发展教育不仅仅是只引进其他国家的教育经验，还必须要对我国国情进行充分的分析和研究，因地制宜才能促进我国职业教育全面协调的发展。

1.2.2 职业教育兴起阶段（1913—1949 年）

辛亥革命后，南京临时政府为适应资产阶级需要，进行教育体制改革，先后颁布了一系列学校规程，形成了一个较为完整的学制系统，统称为《壬子癸丑学制》。该学制将实业学校分为了农业、工业、商业等各类别进行专门教育，并缩短了学生学习年限，让学生毕业之后就可以就业，同时也让女子和男子一样享受平等的教育条件。

1922 年，“中华民国”北洋政府颁布了《学校系统改革案》，该改革案学习美国的“六三三制”并提出《壬戌学制》，该学制更加注重学生的职业训练，规定课程和教材内容侧重实用，但也兼顾了学生的升学和就业，体现出学制的综合性和多样性。中国近代工业的发展，要求学校能够在农业、工业、商业等领域培养大量具有文化知识的劳动力和技术人员，这也加快了职业教育体系的发展与完善。

1932 年 12 月 17 日，民国政府教育部颁布了《职业学校法》，职业教育从此有了法律的保障，体现了其在教育事业中的重要地位。

在中华人民共和国成立之前的 30 多年里，为适应政治、经济、社会的发展，我国的教育体制也在不断地调整完善。学习借鉴日本、美国等国外学制，修改完善我国各阶段教育的学制。之前的单一实业教育，也转变为就业升学兼顾的职业教育。政府也开始重视培养具有文化知识的从业者，人民群众也对职业教育有了深入的认识。职业教育在我国整个教育体制中的地位也在不断提高，这也使得我国的教育体制更加合理。

虽然职业教育地位较之前有所提高，但受人们思想、政府政策、资金投入等方面的影响，职业教育并没有得到社会大众的重视。一是受“学而优则仕”思想的长期影响，社会上仍认为职业教育并不是最理想的选择，更多的人会选择继续升学深造。二是政府颁布的教育政策过于强调职业教育的正规化、标准化，职业教育改革的重点主要在于修订学习年限、提升理论水平，然而职业教育是培养技能人才，更应该注重学生实践技能的培养，并且应该与当下实业发展情况相适应，不断修订培养内容，做到与时俱进。三是学生动手实践必定需要产业相关的实践资源，这也需要加大资金的投入。因此，职业教育政策法规的制定，需要教育部门分析研究实业发展趋势，多与实业部门沟通交流，充分发挥职业教育对地方产业发展的支撑作用。在政策法规、资金投入、招生制度等方法应给予职业教育更多的支持，正确引导人们的教育观念，提升职业教育在国民心中的形象。

1.2.3 职业教育探索发展阶段（1949—1958 年）

1949 年中华人民共和国成立之后，教育部门开始规范和发展中等专业技术教育，全国各地开始创办技术培训班，为失业人员和其他适龄有就业需求的人提供各类技术培训机会。这使得部分学生除了升学、直接就业外有了更多的选择，让想要学习一技之长的人有了学习机会。

1951 年 10 月 1 日，颁布了《政务院关于改革学制的决定》，这也是中华人民共和国第一个关于学制的政策文件。《政务院关于改革学制的决定》将中华人民共和国学制分为幼儿教育、初等教育、中等教育和高等教育，按照国家建设需要，职业教育贯穿于中等教育和高等教育，中等教育结束后可就业也可深入对应的高等教育学校继续学习。高等学校毕业生的工作由政府分配。

1952 年 3 月 21 日，公布了《政务院关于整顿和发展中等技术教育的指示》（简称《指示》），《指示》指出为适应国家发展和经济建设，迫切需要大批量的初级、中级技能人才，而当下的技术学校并不能满足需求。因此，《指示》规定各类各级中等技术学校需根据各业务部门的需要，逐步地与适当地实行专业化与单一化，务求学用一致。中等技术学校要采用理实一体的教学方法，并重视校内外的实验与实习。

1953 年，政务院提出中等职业学校的指导方针为“整顿巩固、重点发展、提高质量、稳步发展”，为适应各行各业的发展，对各工业部门所属中等专业学校的专业、课程等方面进行改革。国家把全国的院系进行重新调整，调整原来的专科学校，大量减少其数量，将部分专科学校扩展为高等职业学校。经过这段时间的调整，我国的职业教育不管是专业设置、教学内容还是规模等方面都得到了长足的发展。与此同时，培养高级技能人才的高等职业教育也得到了一定的发展，初步满足了经济发展对高级技能人才的需求。

中华人民共和国成立以后，职业教育受到国家更多的重视，也得到了较大的发展。为国家农业、工业、商业等各行业经济体制建设提供了技术性人才支持，支撑我国从农业大国转变为工业大国。教育政策法规对职业教育模式和办学结构进行了调整，也指明了发展方向。但中华人民共和国成立初期我国经济实力较为薄弱，职业教育由于经费问题条件比较落后，师资力量也较为薄弱，并不能及时地解决技能技术人才缺乏的问题。

1.2.4 职业教育调整完善阶段（1978 年至今）

1. 职业教育体系的建立

1985 年 5 月，我国召开了第一次全国教育工作会议，颁布了《中共中央关于教育体制改革的决定》，该《决定》提出调整中等教育结构，大力发展职业技术教育，有计划地将一批普通高中改为职业高中，重点打造一批骨干中等职业技术学校，并要求青少年在中学阶段进行分流。《决定》中关于职业教育的政策调整了职业教育结构，使我国的职业技术教育进入快速发展的时代。

随着党和政府对职业教育的重视，职业技术学校和职业培训机构并行发展，职业教育体系也初具规模。1993 年 2 月 13 日，中共中央、国务院发布了《中国教育改革和发展纲要》（中发〔1993〕3 号）再次说明了职业教育的重要性，要求全国各级政府要对职业教育进行统筹规划，调动社会各产业的力量，支持职业技术教育的发展。社会上下要形成“全社会兴办多形式、多层次职业技术教育”的局面。1999 年国家教育部门提出“三改一补”方针，即将现有的高等专科学校、短期职业大学和独立成人高校三类学校进行改革改制，并选择符合条件的中等专科学校改办为高等职业技术学校。职业技术学校主要服务于经济产业的发展，培养具有知识的技能人才。通过这一政策，高等职业技术学校得到了较好的发展。

2. 职业教育法律保障

1996 年 9 月 1 日开始施行的《中华人民共和国职业教育法》标志着职业教育有了法律的保障，也为法制化、规范化、科学化发展职业教育提供了指南。该法律是我国职业教育历史上的重要里程碑。职业教育就是提高劳动者的职业素质，实现社会主义现代化建设。《中华人民共和国职业教育法》规定各级人民政府应当将发展职业教育纳入国民经济和社会发展规划。行业组织和企业、事业组织应当依法履行实施职业教育的义务。[①]综合社会各界的力量，大力促进职业技术教育的发展，使我国劳动力队伍的素质得到很大的提升。

职业教育有了法律的保障后，国家经济、社会、文化的发展水平也得到大幅提高。国民对职业教育的认可度也在逐步提高，职业教育培养的技能人才也更加符合社会产业的需求，我国的职业教育结构更加合理，职教体系也日渐完善。但是，在我国整个教育体系中，职业教育仍然处于弱势地位，经费投入较普通大学还是有较大差距的。行业企业参与职业教育办学获利较少，导致动力不足。职业教育本就是为行业企业培养职业技能人才，若缺少行业企业的参与，则部分职业学校培养的学生不符合当下企业的需求。社会各界对职业教育的重要性认识并不

① 第八届全国人民代表大会. 中华人民共和国职业教育法，1996.

充分，因此职业教育师资和生源素质都有待提高。针对以上问题，提升社会对职业教育的认可度，让更多优秀教师愿意从事职业教育，更多想要学习职业技能的学生可以学以致用，建立一个符合我国国情的现代职教体系迫在眉睫。

从《奏定学堂章程》到《中华人民共和国教育法（2021修正）》，我国关于职业教育的政策法规不断调整、逐步完善，为我国职业技术教育提供了法律保障。回顾我国教育近百年的发展，职业教育体系也在政策法规的支持下不断地发展完善，为我国各行各业提供了大量职业技能人才。但这些政策法规在具体的实施过程中，仍然存在一些问题：一是职业教育学校跟随政策法规的指引发展壮大，但部分学校本身应承担的社会责任和义务没有较好地承担；二是职业教育学校仅仅依靠国家政策的支持进行发展，而没有提升学校本身的竞争实力，在后续的发展中必然缺乏治理的独立性；三是没有做到因地制宜，政策虽好，但也要结合学校自身特点和服务产业发展情况，合理运用政策，才能发挥政策应有的作用。针对以上问题，具体执行职业教育的学校也要通过改革创新加以解决。

1.3 中国职业教育产教融合政策的变迁

1.3.1 “教育与生产劳动相结合”时期（1949—1977年）

1949年12月23—31日，教育部在北京召开了第一次全国教育工作会议，会议确定了教育工作“为工农服务，为生产建设服务”的方针。20世纪50年代初，我国向苏联教育体制学习，开始重视教学与生产实际相结合，建立了一批校内外实践基地。1958年9月19日，我国颁布《中共中央、国务院关于教育工作的指示》，提出“教育必须与生产劳动相结合”的指导思想，在这一指导思想的引导下，我国开始实行学校办实业，实业参与办学，在这种办学模式下，为学子提供了大量实践的机会，也为产教融合提供了宝贵的实践经验。

1.3.2 产教结合时期（1978—2013 年）

1978 年 12 月 18—22 日，党的第十一届三中全会在北京举行。在这次会议后，我国职业教育进入了调整、整顿、恢复为基调的新发展篇章。社会经济的蓬勃发展为职业教育提供了舞台，职业教育面向生产一线，提供了大量具有文化知识的技能人才。20 世纪 90 年代，职业教育有了新的模式，“产教结合”“校企合作”开始成为职教主基调。1991 年发布的《国务院关于大力发展职业技术教育的决定》（国发〔1991〕55 号）正式提出职业教育要提倡产教结合、工学结合，这也标志着国家政策对产教融合的大力支持，之后，职业学校更是以产教融合作为办学宗旨，1998 年的《面向 21 世纪教育振兴行动计划》更是指出“职业教育和成人教育要走产教结合的道路”。

1.3.3 产教融合时期（2014 年至今）

随着我国社会主义现代化进程的加快，职业教育和各行各业的发展有了更加紧密的联系。随着产业的升级，期望产业与教学能够更加深入地融合，国家层面也能够出台相关政策制度支持产教深度融合。例如，2014 年发布的《国务院关于加快发展现代职业教育的决定》（国发〔2014〕19 号）提出“产教融合、特色办学”；2017 年发布的《国务院办公厅关于深化产教融合的若干意见》（国办发〔2017〕95 号）指出“深化产教融合，促进教育链、人才链与产业链、创新链有机衔接”；2019 年发布的《国家职业教育改革实施方案》（国发〔2019〕4 号）强调“促进产教融合，校企‘双元’育人”，同年 4 月教育部发布的《建设产教融合型企业实施办法（试行）》（发改社会〔2019〕590 号）和 10 月教育部发布的《国家产教融合建设试点实施方案》（发改社会〔2019〕1558 号）等政策文件都将职业教育产教融合提到了一种新的高度。

1.4 中国职业教育国际化政策的变迁

1.4.1 职业教育国际化政策认知阶段（1978—1992年）

党的十一届三中全会决定将全国人民的注意力和工作重点都转移到社会主义现代化建设中去，并提出了改革开放的决策。为促进中国与世界各国的经济合作，必定需要大量的技术劳动力，那么职业教育就是最好的保障。在1978年到1992年这段时间内，随着我国经济的飞速发展，教育作为国家发展的基石也得到了长足的发展，特别是服务于实业发展的职业教育。从1985年国家政策文件提出大力发展职业技术教育后，职业教育的地位也在不断提升。虽然受到“文革”的影响，中国教育水平与发达国家的差距又变大了些。但当缺乏技术劳动力成为我国经济发展的制约时，国家也认识到职业教育的重要性。经过对发达国家职业教育体系的学习，和10多年的不断探索，我国职业教育也取得了一定的成绩。

1991年《关于大力发展职业技术教育的决定》（国发〔1991〕55号）正式发布，《关于大力发展职业技术教育的决定》肯定了改革开放对职业教育发展的促进作用，也提出了我国现行职业技术教育在理念、管理、资金等方面还是存在不足，更是看到了国家政策对于职业教育发展的重要性，出台一系列有利政策。同时，加强与世界职业教育强国的交流和沟通，开阔职业教育视野也很重要。改革开放给了我国更多与国外交流合作的机会，国家对职业教育的结构、体制进行了大力调整，也对职业教育国际化政策的认知逐渐加深。

1.4.2 职业教育国际化政策成型阶段（1993—2003年）

随着改革开放，我国对外交流的机会越来越多，这也加快了我国教育事业的国际化进程，国家也出台了一系列关于职业教育国际化的配套政策。1993年2月

13 日，中共中央、国务院发布的《中国教育改革和发展纲要》（中发〔1993〕3 号）强调职业教育对促进我国各行各业的现代化发展起着非常重要的作用，并指出多学习其他各国优秀的教育经验，我国的职业教育对外开放也需要更进一步。在实现教育国际化时，也要做好对外招生和留学生管理的工作。教育部也发布了相关的配套政策《外国来华留学生经费管理办法》，对留学生经费的使用做了详细的规定。1995 年颁布的《中华人民共和国教育法》还鼓励境外组织和个人到中国境内办学，或者参与国内组织合作办学。1996 颁布的《中华人民共和国职业教育法》提出鼓励境外组织和个人对职业教育提供资助和捐赠。

为解决职业教育师资薄弱的问题，自 2000 年，国家相继公布了《面向 21 世纪教育振兴行动计划》、《关于大力推进职业教育改革与发展的决定》（国发〔2002〕16 号）、《关于进一步加强职业技术学校校长培训工作的若干意见》（教职成〔2003〕5 号）等政策文件，对在国外建立职教教师培训基地、选派骨干教师到国外进修培训、帮扶在我国留学的职教学生在海外就业以及职教校长学习国外职业教育优秀教育理念等内容进行了说明。2003 年国务院颁布的《中华人民共和国中外合作办学条例》指出在职业教育方面国家鼓励中外合作办学，并对合作办学机构从建立到管理再到合作终止等各阶段都给出了详细的说明。

1.4.3 职业教育国际化政策细化阶段（2004—2012 年）

职业教育国际化政策在一段时间的实践后，进入了完善阶段，针对上一时期实践中暴露的问题，不断修改完善各项政策，提高政策对职业教育国际化的促进和保障作用。2005 年发布的《国务院关于大力发展职业教育的决定》（国发〔2005〕35 号）提出“扩大职业教育对外开放”，同时规定了如何引进世界先进的教育资源、如何借鉴国外职教优秀经验、如何推动在职业教育领域实行中外合作办学以及职业教育毕业生到海外就业等方面的内容。

在职教政策细化阶段，职业教育不仅要加大对外合作交流的力度，还需要对不同类别、不同区域的职业教育学校因地制宜地制定政策。《2004—2010 年西部地区教育事业发展规划》（教基厅〔2004〕12 号）中就提到“利用国际优质教育资源，提升西部教育的国际竞争力”；《关于实施国家示范性高等职业院校建设计划加快高等职业教育改革与发展的意见》（教高〔2006〕14 号）中指出政府将大力支持高等职业教育对外交流，扩大其在国际上的影响力；在引进境外优质职教资源、开展合作办学等方面也有相应的政策，如《关于大力发展民办中等职业教育的意见》（教职成〔2006〕5 号）、《国家中长期教育改革和发展规划纲要（2010—2020 年）》。在 2004—2012 年，关于职业教育国际化的政策不断地细化完善，对职业教育对外交流合作提供了制度保障，并对职业教育国际化起到了现实的指导作用。

1.4.4 职业教育国际化政策升华阶段（2013 年至今）

2013 年国家主席习近平提出“一带一路”倡议，职业教育国际化进入了升华阶段。首先，政策理念开始转变，《国家教育事业发展“十三五”规划》（国发〔2017〕4 号）中指出“优化教育对外开放布局”“提升教育开放层次和水平”，有了前期我国职业教育不断提升的质量、职业教育不断提高的竞争力和对外影响力，政府开始注重职业教育发展的质量与内涵。其次，政策目标不断提高，《高等职业教育创新发展行动计划（2015—2018 年）》（教职成函〔2019〕10 号）提出“扩大国际话语权、增强国家软实力”，并鼓励各级各类学校积极参与开发国际化的专业标准、课程体系，同时也踊跃参加制定教育国际标准的工作。我国职业教育的目标不仅仅是引进优秀的教育资源、吸引境外学子来华留学、学习境外优秀师资培养理念，更是要参与到制定职业教育国际标准、国际规则、国际体系的工作中，掌握一定的话语权。再次，政策对于职业教育的价值不断提升，《关于深入推进职业教育集团化办学的意见》（教职成〔2015〕4 号）提出支持职业院校、行业企业、科研院等社会各类组织组成职业教育集团，服务国家“一带一路”发展。“一带一路”建设为职业教育提供了更多“走出去”的机会，加上相关政策的支持，中国职业教育不仅仅能实现自身的国际化，更能为“一带一路”建设提供大量的技术能手。通过在国外办学，提升中国职业教育在国际上的影响力，同时也能支持中国产业的竞争力。最后，职业教育保障更到位，《学校招收和培养国际学生管理办法》中提到职业教育学校招收的留学生，从招生、教学和在校管理到毕业就业等各方面进行了政策说明，职业教育留学生的管理更加规范合理。2020 年 9 月，教育部等九部门关于印发《职业教育提质培优行动计划（2020—2023 年）》（教职成〔2020〕7 号）的通知明确提出“加快培养国际产能合作急需人才”，由此可见，提升职业教育国际影响力迫在眉睫。

1.5 中国特色现代职业教育体系构建

2014 年 6 月，全国职业教育工作会议在京闭幕。会议强调，要认真学习贯彻全国职业教育工作会议精神，把思想和行动统一到中央关于职业教育的功能新定位、形势新判断、工作新部署上来，加快构建中国特色现代职业教育体系，努力开创职业教育工作新局面，为转方式、促改革、调结构、惠民生做出新贡献。国务院发布的《中华人民共和国职业教育法修订草案（征求意见稿）》、教育部发布的《职业教育提质培优行动计划（2020—2023 年）》（教职成〔2020〕7 号）、国家职业教育改革实施方案等，体现出国家支持职业教育作为一种类型教育的决心和动力，国家正在大力推进职业教育体系化建设。

近几年，经济形态与产业链影响下的职业教育形成了三种基本模式。美国职业教育 CBE 模式：该模式以社区学院为中坚力量，给予了职业教育体系更多的生源流动自主性、学习方式选择性、创新教育层次性。德国职业教育 FH 模式：该模式重点突出表现在中等职业教育精准化、双元制路径设置的生源入口、专业标准化设定的培养过程、校企结合的实践性设计。日本式双元制串行职业技术教育模式：该模式从中等职业教育到高等职业教育再到企业后续培训，形成了相对独立但相互联系且连续的培养流程。

在这些模式的影响之下，我国教育专家认为中国特色现代职业教育体系建设的核心问题主要集中在以下四个方面：转变思维认知，通过制度设计和加大投入，提升职业教育地位；完善法律法规，确立职业教育与学术教育同等地位，并促进社会资源投入机制和教育成本分担机制的形成；扎实开展应用型本科建设，应用型本科应服务地方经济社会发展，不断提升学科实力与层次水平；应用型大学承接硕博教育。将研究型大学试点的应用型专业学位横向转移。应用型本科也应自行培育硕士博士专业学位生长点。

中国特色现代职业教育体系构建目前还存在一些困难，需要不断向做得好的国家和地区学习先进的职教理念，结合中国目前的实际情况，建立具有新时期中国特色的符合社会需要的现代职业教育方式与模式，形成符合我国经济发展需要的技能型人才的竞争模式，为实现我国由目前的人力资源大国向人才强国转变做出巨大的贡献，为建设有中国特色的社会主义增砖添瓦。

第 2 章　“双高计划”内涵解析

2.1　“双高计划”的含义与由来

“双高计划”即中国特色高水平高职学校和专业建设计划，是国家为深入贯彻落实全国教育大会精神，落实《国家职业教育改革实施方案》（国发〔2019〕4 号），集中力量建设一批引领改革、支撑发展、中国特色、世界水平的高职学校和专业群，带动职业教育持续深化改革，强化内涵建设，实现高质量发展的重要决策。[①]

首先，育训结合是中国特色职业教育发展模式的集中体现。

“双高计划”的总体目标是：围绕办好新时代职业教育的新要求，集中力量建设 50 所左右高水平高职学校和 150 个左右高水平专业群，打造技术技能人才培养高地和技术技能创新服务平台，支撑国家重点产业、区域支柱产业发展，引领新时代职业教育实现高质量发展。[②]双高计划的建设目标也是我国职业教育现代化 2035 的重要支撑。双高计划打造高水平高职学校和专业群的意义在于探索一套具有中国特色的世界高水平高等职业教育方案，为我国产业升级提供更高质量的人力资源，为打造人才强国、教育强国奠定坚实的基础，使我国成为国际技术技能人才培养培训高地和国际技术技能创新高地。我们要充分认识双高计划对于我国产业转型的重大战略意义。

为将职业教育的双重属性（育人和培训）更加有效地结合，让高职在校生的

① 教育部，财政部．关于实施中国特色高水平高职学校和专业建设计划的意见，2019.

② 教育部，财政部．关于实施中国特色高水平高职学校和专业建设计划的意见，2019.

职业素质得到社会行业的认可,"双高计划"的所有高职学校和专业群将积极参与到"学历证书+若干职业技能等级证书"制度试点(简称"1+X证书制度")工作中。学历证书是学生完成学校规定的学习内容并考核合格后获得的证书,主要体现的是高职学校对学生的育人属性,学生在校期间学习公共素质提升课和专业必修选修课,对于学习能力、解决问题的能力以及自我约束的能力等综合素质都可以得到提升,为学生可持续发展打下坚实的基础;职业技能等级证书则是学生习得某项工作所需技能并考核合格获得的证书,主要体现的是高职学校对学生的培训属性,学生获得就业所需理论知识和实操能力,现在各行各业发展迅速,因此职业技能也在不停地更新换代,让学生不断学习新知识获取新技能,提升就业创业竞争力。

1+X证书制度是实现高职学校育训结合的关键举措,是双高计划高职学校和专业群实现工学结合,培养复合型技能人才的重要途径,是对学生认知能力、创新能力和职业能力的一种认可。在中国高等职业教育近几十年的发展中,全国各地的高职学校用实践证明育人与培训一体化的教育模式,不仅仅能够让学生习得一技之长,获得就业能力,也能够让学生的自学能力、沟通协调能力等综合素质得到提升,让学生得到更加全面的发展。

其次,德技并修是体现中国特色高水平高职教育立德树人的根本特征。

"双高计划"是建设中国特色高水平高职学校和专业的计划,首先就需要坚持中国特色,中国特色是其根本的出发点和最终的落脚点,双高计划就是全面贯彻中国共产党的教育方针政策,坚持为建设社会主义现代化服务,建立健全我国的职业教育体系的重要举措。21世纪以来,立足于国家社会学校的现实情况,高等职业院校遵循培养高素质技术技能人才的宗旨,坚持育德与修技并举,培养德智体美劳全面发展且具备产业所需技能的高素质职业人才。与我国产业联系紧密,也形成了具有中国特色的职教特征。

立德树人是教育的根本任务,在双高计划中也多次提到立德树人,可见德育的重要性，“中国教育现代化 2035”中的表述也是教育要注重全面发展，更是要以德为先。当今世界，各行各业飞速发展，各项技术更新换代迅速，职业教育的主要任务是培养能够对接产业的技能型人才，面对日新月异的新技术，职业教育也需要时刻做到与时俱进，才能不被产业所淘汰。中国传统社会“学而优则仕”的思想影响着中国人民，社会上唯文凭论、唯学历论的思想也让学子对职业教育并不看好。职业学校招收的都是高考失利的学生或者职业中学的学生，这些学生可能存在学习动力不足的问题，既要让学生习得就业技术，还要让学生能够全面发展适应社会的快速发展，那么高职学校德技并修的任务也十分艰巨。

为了提升高职学生的学习动力，激发学生的学习兴趣，那么就需要高职学校安排更多可体验可实践的教学内容，让学生学习的同时有获得感。我们学校在智慧校园中设置了学生评教功能，每周学生对每位授课教师进行评价反馈，让教师以更加严肃认真的态度教书育人，教学过程中不仅要注重修技，也要将思想政治教育融入课程教学中。围绕立德树人这个目标设计专业教学体系、课程教材体系，培养学生技术技能的同时，让学生在社会中有可持续发展的能力。

最后，育训结合、德技并修对强化产教融合、校企合作提出更高的要求。

“职教二十条”明确提出职业教育要由参照普通教育办学模式向企业社会参与、专业特色鲜明的类型教育转变。这就意味着首先我们的职业教育是需要专业特色鲜明的教育，这也是职业教育与普通教育最基本的区别。由以前的经验来看，如果职业教育的特色不鲜明，或者与普通教育大同小异，那就失去了职业属性，难以符合社会的要求，难以符合经济产业升级的要求。为体现和强化这一专业特色鲜明的类型教育，职业教育就需要进行产教融合、校企融合。

根据“育训结合、德技并修”的要求，推进产教融合、校企合作，校企合作打造企业实训基地，将会给育训结合更多的实践机会，在实践动手的同时融入思政元素，实现德技并修。“双高计划”提出“把握全球产业发展、国内产业升级的新机遇，主动参与供需对接和流程再造，推动专业建设与产业发展相适应，实质推进协同育人”[①]的要求，这是对校企合作水平的更高要求。如果只重视学校教育的职业教育，将无法适应社会市场的需要。支持和鼓励社会产业中优秀的力量进入职业教育改革和推广过程，在职业教育各专业的教学标准和课程资源中融入社会产业发展对专业岗位的要求，使我们教育的学生能够更好地胜任岗位，提高学校服务社会的贡献力。基于以上论述，双高学校要积极参与校企合作，专业教师要在与社会企业对接的过程中学习企业的先进技术、发掘教育教学的关键点并融入教学过程中以成为“双师”型教师，将学生培养成为德技兼备的工匠之师。

根据“育训结合、德技并修”的要求，职业教育要推进职业教育质量评价和技能人才等级评价的改革。职业教育是“唯分数、唯升学、唯文凭、唯论文、唯帽子”评价的受害者，正是这类评价的负面影响，让社会对技术技能人才的认可度较低，虽然出台了系列政策，但难以让职业教育走出困境。“职教二十条”要求按照产教融合的“三个对接”——专业设置与产业需求对接、课程内容与职业标准对接、教学过程与生产过程对接，完善职业学校的设置标准，帮助职业教育走出困境。“双高计划”提出“对职业教育发展环境好、重点工作推进有力、改革成效明显的省（区、市）予以倾斜支持”，这是对双高院校改革的一种鼓励，做得好将得到更大的支持，让双高院校积极提升校企合作教学的效果，加强在教书育人过程中实践动手能力的培养，推动“双高计划”的高职学校和专业建设，充分发挥“育训结合、德技并修”教育的引领示范作用。

2.2 高职院校“双高建设”体系内涵

高职院校“双高建设”以高效的供给效率，服务社会发展，彰显高职院校支撑产业发展的价值。高职院校的“双高建设”体系的构建需要包含以下 10 个支撑性条件，这 10 个条件是根据职业人才培养的生命周期层层递进设计的。

① 教育部，财政部. 关于实施中国特色高水平高职学校和专业建设计划的意见，2019.

一是产业人才数据平台。职业教育是培养符合行业要求的专业技能人才，因此，职业院校在培养学生之前，要持续深入地研究各行各业职业人才的需求，根据专业形成人才需求报告，构建产业人才数据平台。职业院校各专业的专业建设、招生规模和人才培养目标的依据就是专业人才需求报告。这就解决了部分职业院校盲目设置专业、招生规模不符合市场需求等问题，提升职业教育与社会人才需求的匹配程度。

二是专业教学标准。职业教育各专业的教学内容如何设置，需要深入分析相关岗位的职业能力清单和职业素质清单，构建专业教学标准。职业标准能够体现职业教育的特色，为职业院校人才培养过程提供专业数据作为依据，为提升和监测专业教学质量提供制度保障，使职业人才培养质量进一步提升。

三是产教融合型企业。企业发展的动力是人才，参与职业人才的培养可以为企业提供源源不断的人才。社会上的企业也要发挥其办学主体的作用，与职业院校合作办学，建立利益共享的运作机制，为校企合作人才培养和技术研发提供制度保障。

四是教师专业化培养体系。职业院校教师除了教授理论知识以外，还要将岗位所需的实践能力教授给学生，这就要求教师除了具备理论知识之外还要有企业实践经历。职业院校在培养在职教师时要构建双师型教师培养体系，为高职院校教师在职业生涯中不断地提升自我，与时俱进提供制度保障，也保障了职业院校教师质量。

五是教育教学质量监控体系。为保证职业院校的教学质量，职业院校要建立全员参与、全程控制、全面管理的质量保障体系。构建教学质量数据分析平台，提供科学合理的质量监控报告，为完善各方参与的质量评价反馈机制，加强人才培养状态数据的填报与分析提供平台支撑。

六是公平的升学与就业制度。职业教育学生与普通教育学生在升学、求职、职业生涯发展等各方面应享有平等的机会，政府政策应明确技术技能人才、学术人才和工程人才之间的不同点是教育类型而不是教育等级，让职业教学学生在社会上享有公平公正的机会。

七是有效的人才供给。职业教育能够为社会提供产业真正所需的人才，并保证培养人才质量。那么人才培养质量的关键是专业课程的建设和教师队伍的培养。

八是契合产业发展需求和趋势。高职院校专业群的建设要面对先进企业的岗位需求，让职业教育培养人才具有前瞻性和针对性。各职业院校应根据各省各地的实际情况，因地制宜调整专业教学内容。比如 5G 时代的到来，培养信息通信人才需要根据 5G 需求进行调整；制造大国到制造强国的转型，要求职业教育不仅要培养懂质量的制造人才，也要培养懂制造的质量管理人才。

九是保证课程的先进性和有效性。课程的先进性，要求职业教育专业建设需要与相关先进企业及时对接；课程的有效性，则通过三教改革进行保证。课程改革的要求从以下 5 个方面进行，即价值引领、教学内容、教学设计、课堂互动、学习方式，在以学生为中心的基础上，促进课程教学与岗位融合，推动课程质量提升。教师队伍是人才培养的基础，职业教育要以课程改革为引擎，在学校机制体制、组织变革和教师能力提升等方面进行完善，推动创新教学团队的建设，发挥教学团队对其他教师的示范引领作用。

十是职业院校建设离不开地方政府的支持与配合。各地政府要根据当地产业实际情况，整合职业教育资源和产业资源，合理规划职业教育布局，为职业教育高质量发展提供政策支持。对于中等职业院校，提升教师教学能力和综合素质，培养工匠之师，提升教育教学质量；对于高等职业院校，要不断提高职业教育的水平和社会认可度，提升职业教育和岗位需求的匹配度。政府加强职业教育的统筹协调，在符合当地社会实际情况的前提下，在教育经费、办学用地、校企合作等方面提供政策保障，并跟踪政策实施情况，确保落实并不断调整优化。

2.3 “双高建设”背景下的专业群建设的目的与意义

2.3.1 专业群建设是顺应产业变革、社会发展的新产物

社会经济飞速发展，信息技术日新月异，社会对各行各业的要求也日益增高，各行各业为了适应社会经济的发展，不断更新自己的产品、技术、规则，这也催生了更多的新工种、新职业、新岗位，岗位与岗位之间、岗位群与岗位群之间的关系也日益紧密。高职院校的培养模式要做到专业设置与产业需求、课程内容与职业标准相适应。为了适应产业的转型升级，高职院校也要加强与岗位群对应的专业群建设。

2.3.2 专业群建设是复合型技术技能人才培养的新载体

我国产业飞速发展，对人才的素质要求也越来越高，行业企业中出现更多“一岗多职”“一职多岗”的复合型岗位，这就要求技术技能人才能够做到“一专多能”。随着信息技术的飞速发展，人工智能时代的到来，未来技术技能人才必须跟上时代的步伐不断学习，才不会被时代淘汰。高职院校培养的是高素质技术技能人才，怎么体现高素质呢？除了要求学生掌握技术技能，还要有可持续发展的能力，这样到社会上去才能适应社会的发展。专业群的建设就是为了探索岗位所需技术技能和未来发展方向，培养能够适应产业发展的复合型人才。

2.3.3 专业群建设是深化产教融合、校企合作的新路径

依据产业对复合型人才的需求，专业群建设整合各专业资源、调整人才培养方案实现技术技能人才供给侧改革。专业群与产业岗位群的联系日益紧密，这也使得产教融合、校企合作的关系日益密切。根据产业链、岗位群的需求，学校的专业群建设与企业在人力资源开发、技术研发创新、产品换代升级等各方面有效对接共享

发展，解决之前人才培养不符合企业要求、人才培养过剩、人力资源紧缺等问题。

2.3.4 专业群建设是专业转型升级、凸显特色的新机遇

专业群建设不同于专业建设，专业群建设整合若干个相关专业资源与优势，能够更加突出类型教育的办学特色，有更加开放共享的运作模式，也有更为合理的资源配置。各专业在专业群建设过程中也能共享其他专业的资源，激发潜在的发展活力，实现专业转型升级，凸显专业特色。各专业的蓬勃发展也能让整个专业群欣欣向荣，为相关产业发展提供更加有力的支撑。

2.4 “双高建设”背景下的专业群建设指标与要求

高职院校由以前的专业建设转变为专业群建设，各校专业群建设的依据就是相关产业的技术需求，这也要求专业群建设要积极对接相关行业的产业集群，调研和分析相关行业产业链的需求。专业群建设要发扬学校特色，提升高职院校人才培养质量，以提高高职院校服务社会的水平。专业群建设时要遵循对接产业需求、优化自身特色、内部资源共享等原则。高职院校专业群建设的核心要素包括：构建高效的专业群管理组织机构、编制科学合理的专业群人才培养方案、构建共享型高水平专业群课程体系、构建通用型专业群实训基地、打造高水平专业群师资团队。①具体如下所述。

2.4.1 打破以院系为依托的管理体系，构建高效的专业群管理组织机构

专业群建设依托于专业群管理组织机构的建设。专业群中的专业可能是跨院系的，因此专业群所需资源不仅是各专业资源共享，还需要相关院系之间进行人

① 宋志敏．“双高”建设中高职院校专业群建设及其指标体系构建[J]．职业技术教育，2020（13）：12-16．

力资源和物质资源的共享。专业群是一个复杂多变的动态体系，专业群的建设要做到科学合理，就需要打破原来院系主管的管理模式，构建专门的专业群管理组织机构。要打破原有管理模式并非一件易事，这也是当前大多数高职院校专业群建设的瓶颈。因此，高职院校专业群建设要做到以下几点。第一，建立健全责权清晰的专业群管理机制。建设专业群要想有一个良好的环境，就应该建设专门的管理机构，对参与专业群建设的相关人员，做到任务划分清晰，职责权力明确。建好专业群的同时，推动师资队伍的建设、专业课程的建设、科研任务的完成。第二，确定专业群第一责任人。根据专业群的现实情况，确定一名能够把握专业群建设的责任人，可以是核心专业负责人，让核心专业起到示范引领作用。第三，建立专业群专业委员会。专业委员会成员可以是学校教师、政府主管人员、相关行业专家，也可以是资深技术人才。其中相关行业的高级工程师非常重要，他们熟悉行业的新技术，可以对专业群建设的目标、人才培养的方向提供正确的指导。

2.4.2 面向产业集群发展趋势，编制科学合理的专业群人才培养方案

高职院校是依据制定的人才培养方案开设课程，培养学生技术技能的。人才培养方案为高职院校培养人才指明了培养目标、就业方向、课程设置、毕业标准等内容。人才培养方案的制定是专业群建设的首要任务，人才培养方案是否科学合理，影响着高职院校培养人才的质量。因此，参与人才培养方案制定的工作人员要充分调研相关产业实际情况、职业背景，熟悉行业新知识新技术，了解未来市场的就业趋势。做好高职院校人才培养的顶层设计。

2.4.3 重组优质课程资源，构建共享型高水平专业群课程体系

专业群中各专业是相互联系的，各专业部分课程相同，每个专业根据自身优势建设一门或几门共享课程，集中精力将课程做好做精，其他专业需要上这门课程时就不用再从头建设课程资源。建立共享型课程体系是专业群建设的重要基础。

“专业群的课程体系不应像单个专业那样呈线性逻辑，而是要在体系内形成网状逻辑结构，做到底层可共享、中层可融合、高层可互选。”[①]底层共享课程是各专业所有学生必须学习、应该知道并会应用的课程，中层融合课程是面对各专业对应岗位培养学生所需关键能力和素质开设的课程，高层核心课程是面对岗位群培养学生适应能力和职业迁移能力的课程。对应到专业群中的共享型课程体系中，就需要建设3类课程：专业群平台课程对应高层核心课程、专业方向课程对应中层融合课程、专业群拓展课程对应底层共享课程。

专业群平台课程在专业群人才培养方案中处于核心地位，是专业群各专业学生都应具备的素质。其他课程属于专业拓展课程，是根据各专业自有特色开设的课程，是各专业对应具体岗位应具备的素质，岗位不同课程不同。专业群要依据面对的产业领域和职业岗位群需求，与行业企业专家深度合作，分析各类课程的教学内容，共同开发符合岗位群任职要求的共享型课程体系。

共享型课程体系建成之后，要想发挥好其作用，关键就在于教学实施。为了让学生更好地掌握知识，并将知识应用于实践，教学实施时可以采用基于项目的教学模式，并将新技术、新工艺、新规范融入教学内容中，并设计融合岗位所需素质的项目，使学生在学习理论知识的同时及时将知识应用于项目建设，提高学生实践能力。课程建设是教师教学资源开发能力和教学设计能力的具体体现，教师不仅要对课程内容非常熟悉，还要革新自己的教育教学能力。专业群的课程建设也要考虑学生综合素质的培养，比如自主学习能力、解决问题的能力、创新能力等。

2.4.4 统筹整合实验实训设备，构建通用型专业群实训基地

高职院校培养的是与岗位对应的技术技能人才，因此学生实践动手能力的培养非常重要。高职院校培养高素质技术技能人才，就需要建设充足的、先进的实

---

① 宋志敏.“双高”建设中高职院校专业群建设及其指标体系构建[J].职业技术教育，2020（13）：12-16.

验实训场地。很多学校在建设专业群之前，各专业已经建设了一些实践基地。专业群组建之后，这些已有的实践基地就是专业群实训基地的基础。专业群可依据前面共享型课程体系的逻辑，整合已有实训基地构建一批共享型实训基地，不仅满足各专业共同需求，也满足各专业特色化实训需求。专业群实训基地的建设除了整合已有实训基地外，还应该注意校企合作共建，邀请专家对实训基地建设提供指导意见，让构建的实训基地紧密结合生产实践，不仅满足教学需要，还能够符合岗位实际。

2.4.5 优化师资队伍组合，打造高水平专业群师资团队

人才培养方案、共享课程资源和实训基地是专业群的资源基础。建设好教学资源后，还需要教师来实施教学，教师教学能力的强弱是影响教学效果一个最重要因素。因此，专业群建设需要良好的师资队伍做支撑。专业群的师资队伍要团结协作，也要做到有的放矢，这就需要确定一名主要负责人，做好专业群建设任务的指挥工作。整合现有教师资源，组建教师团队，为教师提供能够发挥自身优势的沃土。同时，高职院校也要提供师资培训机会，让教师不断提高自身素质，为专业群建设提供高质量的师资队伍。

我国社会经济飞速发展，在各行各业不断涌现新工艺和新技术，高职院校专业群建设需要学习和研究这些新工艺新技术并应用于教学，以实现高职院校的高质量发展。高职院校在“双高计划”建设过程中，要顺应时代的需求，依托于专业群建设，对现有教学模式进行改革和创新。

2.5 “双高建设”背景下的专业群建设困境与挑战

2.5.1 困境

高职院校“双高计划”建设要在改革发展、发扬类型教育特色、建设高水平

高职院校和专业等方面发挥示范引领作用。“双高计划”建设配套政策也为高职院校发展提供保障。然而，在高职院校进行“双高建设”的过程中，仍然面临着很多困境，比如发展观念滞后、办学定位模糊等，这些问题对“双高建设”高质量发展的负面影响很大。各高职院校在制定“双高建设”方案、细化“双高建设”任务的时候要规避这些问题，做到破而后立。

1. 发展理念滞后

“双高计划”所有高职院校在进行“双高建设”时要遵守与时俱进的发展理念，然而在部分高职院校中并没有做到这一点，主要体现在以下几个方面。第一，受传统办学经验和发展模式束缚，部分高职院校没有转变思想，无法跟上新时代职业教育改革发展的要求。比如“双高计划”要求高职院校各专业组建专业群，合作教学和改革，然而部分高职院校不重视这一理念，或无法找准专业组群的逻辑，达不到发展专业群的目的。第二，部分高职院校对自己在“双高计划”建设中应该扮演什么样的角色、怎样细分“双高建设”任务不清楚，对“双高计划”的认识和理解不够深刻，将“双高计划”建设任务作为一个普通的教改项目建设，或仅仅对部分专业、课程等局部内容进行试点改革。而在学校整体发展、专业群建设方面没有做到统筹规划，高职院校在改革和引领高质量发展方面起不到示范引领作用。第三，部分高职院校对“质量立校、特色兴校”的内涵把握不准，在办学过程中过于强调争取荣誉，学校的内涵、定位等影响人才培养质量的内容没得到重视，“立德树人、以生为本”的发展理念贯彻不到位。

2. 办学定位模糊

高职院校的办学定位、办学目标清晰明确是各高职院校进行“双高建设”的基本前提，不仅是明确自身的定位，还要明确与其他同类型高职学校的差异，做到“见贤思齐、见不贤而内自省”，形成学校自身的办学特色和优势，方能找准“双高建设”的方向。然而，部分高职学校目前并没有找准自身的目标，也没有探索出一条最合适自身特点的发展道路，不可避免地与其他学校同质化。“服务区域经济发展”“培养高素质技术技能人才”是大多数高职院校在办学定位中的表述，但这类表述是所有高职教育的基本办学方向，应用于一所学校过于宽泛，高职院校应结合自身实际，探索更加清晰明确的办学定位，形成明确的人才培养定位。此外，随着高等教育的普及化，高职院校迎来了更多的生源。高职院校模糊的办学定位将直接体现在招生办学时一味迎合市场需求，不顾自身的办学优势和条件，开设自身并不熟悉的热门专业。在全国 1468 所高职院校中，大多数高职院校的办学特色和优势并不鲜明，在“双高计划”建设中的任务不明确，其根本原因就是办学定位模糊，学校品牌辨识度低。这也将影响我国“双高计划”的实施效果。

3. 固有路径依赖

部分高职院校对固有路径过分依赖，这也是“双高建设”的一个瓶颈，特别是之前国家示范（骨干）高职院校，这些院校原本已有一些优势，让其打破原有的办学路径进行大刀阔斧的改革不是一件容易的事情。固有路径依赖换言之就是走老路，其内在原因是部分高职院校不想走出舒适区，走固有路径是最保险安全的。在“双高建设”的过程中高职院校固有路径依赖主要存在于思想和行为两个方面。一方面，思想上固有路径依赖，由于之前国家示范（骨干）高职项目建设或其他类似建设项目，主要是由政府主导，学校参与执行。在“双高建设”过程中思想上仍然依赖政府和教育主管部门，希望政府和教育主管部门统一规划和管理，学校缺乏创新意识和自主意识，在“双高建设”时期，政府放权却导致学校无所适从。另一方面，行为上固有路径依赖，行为也分为主动和被动。被动固有路径依赖是部分高职院校在之前国家示范（骨干）高职学校建设时期已有一些经验，在“双高建设”时期就不自觉地沿用之前的做法，从而被动地走老路。主动固有路径依赖指部分高职院校不愿意走出现有舒适圈，缺乏革新意识，虽然学校本身的办学特色不鲜明，只要不影响学校持续生存，就不愿承担改革的风险，选择延续原有路径。不管是思想上还是行为上固有路径依赖，不管是被动还是主动选择固有路径依赖，都是各高职院校发展的绊脚石，应有所突破。国家在宏观层面对“双高计划”的建设思路、建设目标、建设内容等给予统筹指导及政策保障，同时现在政府和教育主管部门实行“放管服”的政策，这就要求各高职院校要有自主意识，依据区域经济发展和自身特色，走出固有路径，探索高质量发展道路。

2.4.2 机遇与挑战

以重庆地区为例，中共中央总书记、国家主席、中央军委主席习近平于 2019 年 4 月 15—17 日亲临重庆考察并发表重要讲话，指出重庆要在推进新时代西部大开发中发挥支撑作用、在推进共建“一带一路”中发挥带动作用、在推进长江经济带绿色发展中发挥示范作用。这是习近平总书记继 2018 年对重庆提出“两点”定位、“两地两高”目标、“四个扎实”要求之后，对重庆提出的新要求，也意味着重庆在我国社会主义现代化建设中肩负着更大的责任。重庆依托于现有优势，实施“以大数据智能化为引领的创新驱动发展行动计划”，重点培育智能化产业，注重创新研发，构建“芯屏器核网”智能化全产业链。

重庆电子工程职业学院依托其“新一代电子信息和智能化”专业特色优势，能够与重庆发挥“三个作用”国家战略和重庆智能产业实现产教对接、科教并进，因此重庆电子工程职业学院也面临着前所未有的良好发展前景。高质量发展迎来重大机遇。《国家职业教育改革实施方案》（国发〔2019〕4 号）是中国职业教育阔步前行的路线图，《2019 年国务院政府工作报告》关于高职扩招 100 万的举措是中国职业教育勇往直前的冲锋号，高职教育作为一种类型教育，和普通高等教育应具有同等地位，走出“五唯”带来的困境必将迎来更加广阔的天地。高水平目标带来重大挑战，学校必须清醒地认识到，与引领改革、支撑发展、高水平高职学校的目标相比，与“当地离不开、业内都认同、国际可交流”的要求相比，还需要积极面对以下的问题和挑战：治理体系还不够健全完善，治理能力还不能完全适应高质量发展要求；产教融合还不够深入，尚未完全建立与人才培养、创新服务相适应的校企合作体制机制；制度标准还不够健全完善，数字化教学资源开发应用还不够广泛深入；服务国家战略和区域经济社会发展的能力水平及贡献度有待提升；服务“一带一路”走出去产能和融入国际职业教育的深度还不够。

教育部为贯彻落实高等教育强国战略，针对全国高等院校从不同类型教育部署了建设任务：一是针对本科高校，建设“世界一流大学和一流学科”（简称“双一流”），通过灵活多变的有效手段打造双一流大学，这是我国普通高等教育发展的目标；二是针对高等职业院校，提出“高水平高职院校和高水平专业（群）”（简称“双高”），“双高”为高职教育改革指明了方向，“双高建设”政策的支持也为双高学校带来了发展机遇。

一是国家政策为职业院校的发展提供新的机会。党的十九大明确提出了“完善职业教育和培训体系，深化产教融合、校企合作”，指出了新时代中国职业教育发展的基本要求；全国教育大会对我国的教育工作做了顶层设计，也指出要支持新时代中国职业教育快速发展；《国家职业教育改革实施方案》（国发〔2019〕4号）的发布，明确了职业教育在新时代中国经济社会发展中的重要地位，也指出了职业教育高质量发展的任务和要求。

二是社会产业转型升级为职业院校的发展提供更多机遇。2018年，GDP占比中服务业占52.2%，我国服务业成为名副其实的第一大产业。2018年年底，服务业就业人员占我国总就业人员的46.3%，成为我国提供最多就业岗位的产业，我国的经济结构也从“二三一”转变成“三二一”[①]。“一带一路”“中国制造2025”、“互联网+”以及“大众创业、万众创新”等国家战略的实施，对我国服务业发展有着不可磨灭的影响。在“调结构、转方式、促升级”的社会环境下，服务业也要与时俱进，尽快实现转型升级。社会产业转型升级需要大量符合转型要求的技术技能人才，这对高职院校培养与时俱进的技术技能人才也提出了更高的要求。

三是师资新政给教学队伍建设带来新的挑战。《中华人民共和国教师法》规定，

① 刘晓寒．浅析双高建设背景下高职院校的机遇与挑战[J]．文渊（小说版），2019，000（007）：405．

高等学校教师资格证的学历要求是：具备研究生或大学本科学历。《国家职业教育改革实施方案》（国发〔2019〕4 号）中指出“特殊高技能人才（含具有高级工以上职业资格人员）可适当放宽学历要求”。高职院校招聘专业教师时，考核标准不再是只考查教学能力，而应该要求职业技能与教学能力兼备。同时，为吸引具有企业工作经历并且能够从事教学工作的人才到高职院校工作，学校也要提供相应的待遇和职业前景。“双师型”教师也能为高职院校适应社会产业转型提供良好的支撑。

四是高等教育扩招为高职学校办学带来新的挑战。高职院校招收更多的学生，意味着有更多的高职学生毕业，学生的就业压力也将增大。扩招对高职院校来说既是机遇也是挑战，高职院校要深入分析类型教育的本质，跳出传统思维模式，将办学模式从普通教育转换成类型教育，在肩负这一历史重任的同时，实现自身价值。

五是服务“一带一路”建设为高职院校人才培养带来新的挑战。职业教育的宗旨就是服务区域经济发展，各省各地的高职院校的发展和当地产业的发展联系也是非常紧密的。随着国家“一带一路”建设和全球化发展，高职院校的发展不能仅局限于一地，而要有国际化思维，做到“引进来”“走出去”，这为高职院校当前的办学模式带来新的挑战。

六是政府为高职院校发展提供多方支持。为了建设“双高计划”高职院校，政府和教育主管部门按照《国家职业教育改革实施方案》（国发〔2019〕4 号）给“双高计划”高职院校提供政策和资金的支持。国家通过一系列的综合措施，完善高职院校的硬件设施和软件设施，确保高职院校在“双高建设”中有充分的资金、政策、人才保障。相信在政府和教育主管部门的扶持下，高职院校的“双高建设”一定会有完善的保障机制。在政策支持下，“双高建设”能够取得预期效果，高职院校也将顺利发展为高水平高职院校。

第二篇　“高水平”专业群建设路径

第3章　专业群组群逻辑

2006年11月，教育部财政部联合发布的《关于实施国家示范性高等职业院校建设计划加快高等职业教育改革与发展的意见》（教高〔2006〕14号）中提出了专业群。高职院校建设专业群可以为区域经济提供有力支撑，就怎么组建专业群，许多专家给出了许多组群逻辑。有的专家认为专业群组群逻辑要突出办学特色和学校定位，以相关产业的岗位需求和专业知识的内在联系为依据，并以逻辑关系确立专业群内各专业的主辅关系。而有的专家认为专业群的组群逻辑有关系逻辑、区域逻辑、结构逻辑。①关系逻辑是指专业群内各专业之间的关系，根据关系的不同可形成单核心引领型专业群、双核心专业群、单核心辐射型专业群、协同发展型专业群；区域逻辑是指根据各地各政府的现实情况组建专业群，形成特色鲜明的校企合作专业群；结构逻辑是指根据专业群内各专业组合的紧密关系，可组成制度化专业群和松散型专业群。不论是哪种组群关系，专业群自提出以来得到了高职院校的支持并快速发展，各高职院校依据自身特点和地方特色，依据一定的组群逻辑，将原有专业进行整合，构建了若干个专业群。其中大部分高职院校遵循凸显自身特色、与同类学校差异化发展的原则，选择一个核心专业，依据产业岗位需求，选择若干个相关专业组建专业群。

---

①邓子云，张放平．中国特色高水平专业群的组群逻辑[J]．现代教育管理，2021（4）：89-95．

3.1 专业（群）与产业（群）

专业群与产业群协同发展是实现高职教育跨越式发展的内生动力，是呼应国家政策指向的现实规约，同时能够为产业转型升级和结构调整提供高素质技术技能人才。专业群与产业群协同发展的一个重要前提是明确各自的角色定位，根据不同角色进行分工协作，才能形成良性互动与发展。

专业群的内涵。“群”的概念源自经济学领域，而后逐渐向职业教育领域拓展。当前，国内学者对专业群内涵的界定尚未形成统一意见，而关于专业群的组群思路则主要集中在以下两个方向。一是围绕核心或特色专业组织专业群，即以某个核心或者特色优质专业为龙头专业，然后将与核心专业有共同专业基础课、专业技术领域相近的若干个专业组建成专业群，聚集群内资源，发挥资源共享优势，促进产业和经济发展。二是基于产业逻辑和岗位逻辑，以服务区域产业或相关技术领域为出发点，整合岗位群相关的专业组建专业群。综合上述两种观点可以看出，它们的区分点主要在于以什么样的组群逻辑构建专业群，但出发点或落脚点都是基于或促进产业群的发展。因此，未来关于专业群的研究应以专业群的内涵建构及其与产业群的协同发展为研究重点。

产业群的内涵。产业群是指某一产业相关的企业、政府、高等教育学校等机构聚集起来的一个群体，是一种具有群体竞争优势和发展规模效益的产业空间组织。作为外原动力主体，产业群一般具备集聚效应、规模效应、外部效应和区域竞争力[①]。产业群的生命周期要求不同的阶段、不同的环节对从业者的技术技能和综合素质要求也不同，产业群的结构差异化发展也要求从业的技术技能人才的结构差异。

① 严剑峰．商用大飞机：上海经济增长的新引擎 基于产业集群创新的视角[M]．上海财经大学出版社，2012．

（1）产业群是专业群建设的“引导者”。产业逻辑是专业群构建的出发点，高职院校应依据产业逻辑构建适应产业群需求的专业群，也就是说，专业群的构建要基于产业结构、产业布局和产业链特点，各专业与产业群内各产业也要对应起来。产业的调整或者产业的转型升级都决定了专业群的建设方向。

（2）产业群是专业群建设的“支撑者”。一方面，产业群为专业群人才培养提供一系列物质支持。产业群为专业群人才培养提供师资、设备、技术、教学内容及教学场地等，帮助高职院校提升技术技能人才培养质量。另一方面，产业群为专业群人才培养提供实践平台。产业群囊括了产业上下游中的各个岗位，为高职学生的实习实训提供了更多的“试错”机会，让学生有更多的机会探索更适合自己的职业方向，为其职业发展提供广阔空间。

（3）专业群是产业群发展所需人力资源的“输送者”。高职教育的“职业性”特点决定了其人才培养必然服务于产业发展、经济增长。现代产业是被科学技术高度“武装”的产业，技术和工艺的迭代是现代产业发展进步的基本特征，而新技术、新工艺的应用和推广，又高度依赖高素质技术技能人才。同时，随着大数据技术、人工智能等新兴技术的崛起，产业融合程度加快，职业分化加剧，专业边际逐渐模糊，经济社会发展对复合型技术技能人才的需求增加。高职院校通过整合、优化专业群内资源，以专业群发展模式把握产业集群发展态势，提升复合型技术技能人才培养质量，高素质技术技能人才为产业发展和经济转型提供有力支撑。

（4）专业群是产业群创新发展的“助推者”。创新发展和技术革新是产业群适应产业结构转型升级的关键。《国务院关于加快发展现代职业教育的决定》（国发〔2014〕19号）明确提出要“同步规划职业教育与经济社会发展，协调推进人力资源开发与技术进步，推动教育教学改革与产业转型升级衔接配套①”。这说明国家十分重视专业群建设对产业和经济发展的重要作用。高职院校专业群以协同

---

① 《国务院关于加快发展现代职业教育的决定》（国发〔2014〕19号）.

创新中心为载体，积极开展技术研发和知识创新、科技成果转化及社会服务，能为产业群的创新发展提供技术、科研支持，对产业群的调整升级具有重要意义。

3.1.1 专业群中“专业”之间关系

专业是根据社会职业分工和学校教育规律，高等教育或中等职业教育划分教学内容，确定培养目标而形成的学业门类。专业是在符合客观规律的基础上，教育者根据社会发展需求对不同等级学生学业的选择和设计。对于高职教育的专业设置，教育部提出的原则是“以职业岗位群为主，兼顾学科分类”。目前，大多数高职院校的专业群是选取一个或若干个符合产业需求、办学实力强的重点专业作为核心，再选择若干个产业相关或学科相近的专业一起构建的专业集群。专业群内的专业并不要求必须同在一个学科体系，产业相关也是可以的。专业群中各专业与相关产业中的岗位链要有对应关系，也要能够在同一实训体系中完成不同的实践环节。

专业群中各种“专业”是相辅相成的，具有共同特征的。

- 有共同的行业基础或行业背景。
- 有共同的课程内容。
- 有共同的实验实训设施基础。
- 有共同的师资队伍。
- 有共同的社会联系背景。
- 有核心的专业为引领，其他专业配合。

各个专业组合成为一个专业群之后，可以有以下几点作用：

- 有利于增强专业群适应市场的能力，增强专业群的竞争优势。
- 有利于提高办学效益，专业群内所有专业共享实训资源，提高实训资源的利用率。
- 有利于提高人才的培养质量，整合教师资源取长补短，共建优秀教师团队。

- 有利于提高学校知名度，凸显办学特色和形成品牌优势。

目前，高职院校已有的专业群数量还是偏少，而且区分度不大。部分专业群内专业较少，无法形成规模效益；部分专业群内各专业的水平参差不齐，发展步调可能不一致；部分高职院校的专业群之间存在包含与被包含的关系。

接下来，我们可以从以下几个思路着手去做：

（1）加强专业群内核心专业的建设，发挥核心专业的示范引领作用，带动其他专业发展。

（2）注重专业群内涵建设，找准培养目标，凸显自身特色，提高人才培养素质。

（3）加强行业企业的调研，依据岗位特点整合更多相关专业，形成规模效益。

（4）依据行业企业新工艺新技术，鼓励不同院系合作统筹教学资源建立新专业。

（5）将全校专业发展路径进行统一规划，对专业优化重组进行顶层设计。

3.1.2 专业（群）的产业面向

职业教育的属性决定了这种教育类型必须以直接服务社会为目标，其办学模式、专业设置、人才培养目标等要与服务产业的经济、技术发展保持步调一致。因此，职业院校的专业设置应该面向产业，专业群对接产业集群，专业链融合产业链，形成专业链与产业链融合共生的生态形式。下面以电子信息类专业为例，阐释专业群与产业面向的问题。

电子信息类产业群是指从事电子信息产品研发与制造、软件技术开发以及信息服务的产业群。在这个电子信息技术飞速发展的年代，电子信息产业也成为我国社会经济发展的基础性、战略性支柱产业。电子信息类产业主要包括电子信息工业（包含电子元件器件制造、计算机设备制造、通信网络设备制造、广电雷达、家用视听等其他信息设备制造)、信息开发业(包括电子应用软件、计算机软件产业、通信网络软件、数据库等产业)、信息服务业(包括网站、网页等其他信息内容业务),对于生产方式的转变、产业结构的调整、国民经济的推动和国家安全的维护具有十分重要的作用。①

数字时代的到来,产业要跟上时代的发展步伐,也要不断进行转型和升级,其中普遍采用的就是与电子信息技术融合。各行各业对从业者的素质要求也在不断提高,对具备多专业知识的复合型人才需求也越来越大。电子信息技术飞速发展,电子信息类的专业知识更新迭代非常快,这也要求学生不断学习新知识才能适应电子信息产业的发展。高职院校要提升人才培养目标与企业人才需求的匹配度,就需要加强校企合作、实现产教融合,实施"公共基础知识 + 专业大类平台课知识 + 专业应用知识 + 校企合作生产实践"的培养模式。高职院校的人才培养体系也要注重培养学生的动手实践能力、岗位应变能力、不断学习的能力,使其能够适应电子信息行业的发展。

3.2 专业(群)人才培养定位

专业群的人才培养定位相较于之前各个专业的模式将会发生巨大变化,专业群的人才培养模式应该要突出双元育人的特色。在新形势下,学校和企业要团结协作进行双元育人。学校以产业链中节点企业为依托,借鉴企业先进的生产工艺、管理模式,实现教学过程与生产过程同向、并行。教学组织中,根据不同层次的专业教学特点,合理设置企业实践与学校学习的课时,明确企业和学校各自承担的教学任务:一般情况下,学校教育负责基础知识、基本技能的培养,企业实训负责岗位知识、操作技能的培训。在教学过程中,无论企业还是学校都必须以立

① 陈阵. 面向产业岗位群的高职院校电子信息类专业建设实践策略[J]. 继续教育,2013,27(008):46-48.

德树人为根本任务，将新时代中国特色社会主义核心价值观融入专业教学中，校企双方共同负责思想政治教育和工匠精神等职业精神的培育。以信息安全技术应用专业群为例，该专业群的人才培养定位如下：

面向新一代信息技术产业集群，依托以信息安全产业为核心的产业链，按产业链上中下游顺序梳理出 25 个核心岗位，转化为专业群课程模块体系。通过专业方向模块化课程多元组合选修，不仅培养计算机网络工程师、软件技术工程师、信息安全工程师、移动互联网工程师和大数据工程师 5 个岗位方向人才，还可以培养大数据安全、移动互联网安全、软件编码安全和网络安全等多方向复合型创新人才。

此外，实施“全人”素质平台和专业基础平台必修，通识拓展模块和专业拓展模块选修相结合，全程培养思想坚定，具有人文和艺术修养、团队协作精神，德智体美劳全面发展的高素质、创新型技术技能人才。

3.3 专业群组群逻辑概述

3.3.1 强强联合

强强联合一般是用于经济学领域，主要是形容为了抢占更多的市场、获得更大的经济效益，优秀的企业联合起来经营的现象。强强联合的企业可以整合现有资源，强化现有优势，补足现有短板，达到降低投入产出比、提高利润率的目的。强强联合的企业也具备更大的竞争优势，可以走出国门、走向世界，促进我国国民经济的发展。那么用到专业群的组合方面，实行核心专业、重点专业的组群，也是同样的道理。专业群也享有专业强强联合带来的优势，增强了专业群的竞争优势。

3.3.2 以强带弱

以强带弱实际上是指相互帮扶，强的专业带动弱的专业，可以使专业平均水平不断上升。在实施过程中，可以通过组建专业群发展联盟，依托核心专业的资源优势实行以强带弱，优势互补，推进广泛的专业结对互助工作。各联盟围绕专业的“文化建设”“课程管理”和“队伍培养”，通过“示范辐射”“共研共享”等方式，促进专业群“联盟共进”，形成教学管理、教育资源、教研师训等方面合作、互动、互助的发展团队，推进区域专业教育优质均衡发展，达到优化队伍、区域均衡的目标。

3.3.3 以弱补强

此处所说的弱并不是说专业本身很弱，而是常常指的是冷门的专业，不容易出成果的专业，譬如历史学、古生物学、博物馆学等专业，这些专业在实行专业群组群时，是可以嵌入其他专业里的，比如将博物馆学嵌入数字传媒专业中，组合成一个专业群，那么博物馆学便是数字媒体专业发展的原生资源，有了历史文化的积淀，技术领域才可能焕发新生。

第 4 章　专业群建设目标与思路

4.1　明确建设目标

双高专业群要建设，就必须要有明确的建设目标，实行专业群建设目标引导制非常重要。专业群建设目标引导制是指因目标引导专业群建设而实施的一系列工作活动和学校制定的相关制度组成的建设体系，主要包括目标任务分解和管理、目标评估等内容。

专业群建设目标任务分解可以按时间线划分，也可以按专业部门进行划分。按时间线可以将目标任务细分为阶段目标任务，按专业部门可以将目标任务细分到专业或部门，然后由专业或部门将目标任务细分到具体实施任务的工作人员。当然，目标任务也可以按时间和专业部门交叉划分，明确在什么阶段哪些人完成哪些任务，任务落实到时间段和人可以得到有效的实施。在目标任务分解后，为了保证目标任务的有效，专业群就需要实施目标任务管理。首先是实施责任制，任务目标分解可将任务落实到人，目标任务管理就是督促任务的完成，做到责任到人。其次是任务实施部门或责任人要对任务进行规划，制订实施计划，做到有条不紊地实施任务。专业群建设目标评估不仅要评估建设结果，也要进行过程评估，确保双高专业群建设的有效实施。

4.1.1　目标定位的合理性

定位包含了目标，而目标是实现定位的一个必要的而且非常重要的过程，一个定位可以是由无数个目标来实现与达成的。

双高专业建设定位一旦明确之后，就要细分各项指标，分年度、分类别地设置责任人，那么在这个过程中就必须要设置合理的目标，譬如国家级成果与省部级成果的逻辑关系设置。

如果明年的指标是要完成一项国家级在线精品课程，那么我们至少要提前两年做准备，从建设课程资源，到课程教学实践与资源应用等，再到省部级精品课程评选，然后才能有机会申报国家级精品在线课程。所以我们在设置各项目标的时候，需要针对各项指标进行完成难度的评估，以及实践时间的评估，这样做出来的目标与任务表才会具有可行性。

4.1.2 专业群与区域发展

按照“双高计划”的指导思想，“双高”专业群建设要“引领职业教育服务国家战略、融入区域发展、促进产业升级，为建设教育强国、人才强国做出重要贡献”[①]。专业群与产业群的联系是非常紧密的，专业群建设要服务区域产业发展，研究和分析专业群和区域发展的内在联系，才能找准专业群建设的方向，做到有的放矢。

首先，2019 年教育部财政部联合印发的《中国特色高水平高职学校和专业建设计划项目遴选管理办法（试行)》（教职成〔2019〕8 号）中要求申请“双高计划”的学院要做到“人才培养和治理水平高，在产教融合、校企合作方面成效显著，对区域发展贡献度高”[②]。从遴选标准来看，入选的双高专业群需要对区域发展有较明显的推动作用，在产教融合和校企合作方面是其他未入选专业群学习的榜样。

其次，区域发展离不开产业的转型升级，产业的转型升级的根本动力是符合

---

① 胡计虎．“双高”专业群建设与区域产业转型升级的融合发展[J]．教育与职业，2020（13）：51-56．

②《中国特色高水平高职学校和专业建设计划项目遴选管理办法（试行)》（教职成〔2019〕8 号）．

产业发展的高素质技术技能人才。专业群建设要立足于自身特色和优势，与区域经济发展紧密结合，做到专业群建设路径与产业发展路径一致，专业群建设与产业发展的步调一致，方能培养出符合区域经济发展的高素质技术技能人才。

最后，专业群建设与区域发展是相辅相成的。专业群建设的方向要根据区域发展方向来定，区域发展的能动力就是专业群培养的技术技能人才。因此，专业群和区域产业都要积极主动地参与到校企合作、产教融合中去。专业群要积极服务区域相关产业，为区域相关产业的转型升级提供技术支持和人才支持；区域产业要积极对接相关专业群，参与到专业群制定人才培养方案、课程标准中去，为专业群学生实训实践提供师资、场地、设备支持。相信在专业群和区域产业互帮互助精诚合作下，不仅能提升区域产业在全国的竞争力，也能增强专业群的特色和优势。

4.1.3 细化明确建设目标

在拥有了整体的建设目标与定位之后，就要细化各项建设目标了，在此过程中要遵循一定的思维逻辑，层层递进去细化指标。

第一要确认人才培养目标，包括人才培养模式、质量和效果的设定；第二是课程建设目标，包括课程体系的构建、优质课程或精品课程的建设、教学资源的开发和建设；第三是教学团队建设目标，包括师德师风建设、专业带头人培养、骨干教师培养、“双师型”教师培养、企业兼职教师队伍建设；第四是实习实训条件的建设目标，包括校内实训基地建设和校外实训基地建设，以及专业联盟的建设，真正实现产教学研一体化；第五要确认科学研究与社会服务的建设目标，包括纵向科研、横向科研、社会服务等；第六要确认国际合作建设目标，体现在联合办学、国际交流、项目合作等方面；第七是机制建设目标，有任务就要有报账，机制建设必不可少，要覆盖方方面面；第八是专业群建设特色创新，这一点需把握好，如果没有特色与创新，那么这个专业群建设将失去竞争力。

4.2 理顺建设思路

建设思路的十三个步骤及相应做法见表4.1。

表4.1 建设思路的十三个步骤及相应做法

思考层面	思考维度	说明
第一层面：工作方向与取舍内容	一、目标/理想/愿景/愿望	方向（往哪里去）
	二、原则/取舍标准/硬性限制	硬性的、规则性的、客观性的、难以改变的限制条件
	三、任务/目的	要完成/得到什么；要做什么事
	四、意义/影响	完成以上任务（事件）以后起到什么作用或产生什么影响 明确任务的意义以后工作才有动力
第二层面：任务构成与支持条件	五、要求/建议	比较主观性的要求，需要尽量去达到，但并非不可改变，也有可能做不到
	六、问题	构想的可能遇到的问题或者根据经验自己提出的问题
	七、资源渠道	我从哪里得到那些我需要的资源（包括经验、知识、人脉等）？
	八、内容/构成	列出能够想到的工作内容模块就可以，这里不要求给出一个逻辑严谨的思路；工作可能包含的主要工作内容（越细越好）
	九、创意与想法	对工作产生的各种想法、灵感、创意等，这些东西都可能成为工作成果中的亮点、创新和突破
第三层面：事务落实与执行到位	十、方式/形式	工作的方式或形式
	十一、工具/道具/技巧/技术	完成工作需要借助的必要工具
	十二、时限	工作时间的限制，多久完成？什么时间点必须完成？
	十三、分工	谁来具体执行

4.3 设计建设内容

根据相应的目标、思路，下一步就要具体设计每一步的建设内容。在设计建设内容的过程中，要遵循围绕目标来制定任务的原则，不能与目标相背离。此外，要注意任务与任务之间的关联性和时间顺序的对应关系，不能让目标和任务脱离开来，也不能让任务之间脱节。

4.4 规划建设进度

建设进度要结合任务的实际情况来制定，不能想当然，比如教学成果奖，历来都是五年一届，那么不可能每年都写这个指标，我们要根据现实情况中的活动开展情况来确定本专业群建设的进度。

4.5 规范建设管理

有了目标和进度规划之后，就是各个过程的规范管理了。如果每个过程没有规范的管理制度和要求，那么建设进度就得不到有效保障，质量也就无法保证。因此，规范的建设管理制度非常重要。

第 5 章　专业群建设内容与举措

本书聚焦国家“双高计划”“职教二十条”等国家职教政策、对接产业和人才培养质量提升，开展专业群建设路径研究。接下来将从创新人才培养模式、模块化课程体系、“高共享”课程资源、“双师型”教学团队、新型教材等层面分别探讨专业群建设具体内容，希望可以给兄弟院校带来一些参考价值，助力国家“双高计划”顺利实施。

5.1　创新高素质技术技能人才培养模式

“一带一路”建设推动着经济全球化发展，我国各行各业、高校等各层面都要与时俱进，顺应社会经济发展。在当今瞬息万变的社会环境之下，我们培养的人才想要有更大的竞争优势，获得更多的机会，在复杂多变的社会环境中持续前行，便需要高等教育学校不断创新各专业群的人才培养模式，紧密对接行业需求，不停地更新人才培养计划与实施方案，时刻根据产业变化更新人才培养模式，走在市场与行业的人才需求前列。

那么，高职院校应该如何创新人才培养模式呢？首先，我们需要厘清当前人才培养模式存在的问题，聚焦学生职业素养和职业技能培养，结合高职学生特点及成长成才规律，探索新时期行业所需人才的新特点，由此改革我们的人才培养模式。

随着经济全球化的发展和我国“一带一路”的建设，我国高职院校对外交流、国内外合作办学日益频繁，许多新的思想进入我国高职院校，那么我国高职院校的人才培养必须要正视这一现象，研究和分析新思想对学生的影响，做好针对性的相关准备，提升人才培养质量。当下，行业人才培养一般都具备以下几个特点：

一是行业人才流动性较大，稳定性较差。虽然我国就业压力较大，但很多行业员工的跳槽率却很高，行业人才稳定性较差。对我国企业员工工作情况的调查显示，初级从业者在一个企业工作年限平均为 2 年左右，中级从业者平均为 4 年左右，高级从业者平均为 6 年左右，相较于欧美国家均少 3 至 4 年。这一调查结果显示，我们为行业或者企业培养的人才在固定的单位服务年限并不是很长，这对于企业来说并不友好，它们会认为不断地在为他人做嫁衣，由此难以重视对人才的进一步深入培养，从而加剧人才的流动性。这对于行业发展来说，无疑是很大的一个问题。

二是行业对从业人员的素质标准不断提高。随着我国社会经济的飞速发展，各行各业的竞争也愈发激烈，企业为了生存和发展，就需要节省人力成本，期望员工能够胜任更多的工作，创造更大的价值。这就对高校人才培养提出了更高的要求和更高的标准，各高职院校就需要创新人才培养模式，提高学生的综合素质，以满足企业对人才的要求。随着信息科技的快速发展，许多企业开始研发新技术、生产新产品，这就要求企业员工能够快速学会新技术并将新技术应用于生产实践，员工要具备可持续发展的素质。所以，人才培养模式创新势在必行。

三是人才培养的周期比较长，我们都知道职业素质的养成不是一蹴而就的，需要不断地学习和实践。高职院校培养的学生不能只是就某一专业特别熟练，还需要具有长期培养和可塑造的潜质，这份潜质即人才的综合素质。当这类人才流入企业之后，才能不断适应企业的更新与变革，不断胜任各项工作，成为企业实际需要的人才，和可培养可塑造的高素质复合型人才。

综上，高职院校在进行人才培养模式创新时，必须对行业和企业进行充分的调研，然后根据行业需求和岗位需求进行人才培养模式创新。

那么，我们在进行人才培养模式创新时，需要把握好哪几个重要环节呢？随着产业不断调整升级，高职院校人才培养模式必须要与企业的时代特点和岗位需求紧密结合起来，准确把握学生成长的身心状态，将产业转型升级与学生的成长有机结合起来，才能建立一套有效的、科学的、合理的人才培养体系。具体而言，可以从以下几个方面来做：

一是树立明确的人才培养目标。高职学院培养人才是为了服务行业产业的发展，为行业企业的发展提供高素质技术技能人才。因此，高职院校人才培养目标就要与行业企业的岗位需求和发展方向紧密结合起来，让学生的成长路径和行业企业的发展路径保持一致，达到双方共同成长的目的。

二是建立完善的人才培养体系。高职院校建立健全人才培养体系，才能实现制定的人才培养目标，只有建立健全的培养体系，才能实现人才能力的同步开发与素质的提升，塑造高素质复合型人才，为行业产业培养更多的一流的人才。

三是建立规范的人才管理制度。高职院校健全的管理制度是达成人才培养目标的重要保障，科学合理的评估方案是人才培养体系中关键一环。在人才培养过程中将会涉及方方面面的评估，其目的是能够从各个方面研究和分析培养效果，从而为下一步人才培养改善与优化打好基础。然后是需要建立完善的数据库，这样可以针对学生的学习情况和能力水平进行针对性的指导。最后是要建立有效的激励机制，这样可以激发学生的学习兴趣，在人才培养过程中，能起到事半功倍的效果。

所以，人才培养模式创新是高职院校年年都要重点建设的内容之一，只有不断更新和创新，才能使培养出来的人才紧跟时代步伐，在市场份额中占据一定地位。

5.1.1 打破“专业”人才培养窠臼

打破“专业”人才培养窠臼是指突破人才培养的“专业”局限，要将综合素养的整体提升作为主要目标。正如雍刚在谈到部队特色人才培养时所说：“打破专业窠臼就是为了提高学员个体的整体艺术修养，培养新的爱好和发扬特长，当然还有提高潜意识的创新能力。”“当集中发挥专业特长的同时它能带来‘蝴蝶效应’，对于凝聚人心加强管理有非常大的补充效能，这就是我们要打破专业窠臼的主要原因。”

简言之，打破“专业”人才培养的窠臼就是实行“专业大类招生”，打破原有的单一专业培养模式，实施专业群培养模式，培养交叉型、复合型、高素质技术技能人才。

那么，什么是大类招生呢？这与传统的招生模式有什么区别？所谓的大类招生，是指学校按照专业大类即一级学科（群）或二级学科（群）进行招生，让学生先上大学学一个专业大类，有了一定基础之后再选具体的专业。学生入学后由专业大类所属院（系）进行管理，大一时接受通识教育。经过一年学习后，学生综合考虑本人意愿、学习情况、学习兴趣等因素选择一个专业，进行后续的在校学习。而传统的专业招生模式，是指在填报志愿时便选择好专业。一直以来，各类高校招生的主要模式仍然是按专业招生，专业设置依据“按计划统一招生，按计划专业培养，按计划对口分配”的原则设定①。学生入学后即就读自己选择的专业至毕业。二者相比没有高下之分，但是现在高职院校实施大类招生的越来越多，原因在于大类招生有以下优势：

一是避免选择盲目性。大多数高中毕业生对各个高校开设的专业了解很少，存在盲目填报志愿的情况。专业大类招生可以让刚入学的大学生在入学第一年对各类专业有一个清晰的认识，认真思考自己的学习兴趣和各类专业的匹配度，找到自己感兴趣、能够学下去的专业继续学习。因此，就能帮助学生克服专业选择的盲目性和局限性，找到最适合自己的专业。

二是减轻报考压力。各类高校的招生计划都是按省份招生，由专业和数量组成，部分专业的招生数量只有1～2人，报考这类专业录取的概率比较小，很多学

① 朱继．大类招生：既“通”又“专”[J]．高校招生：高考指南，2015，000（002）：17-18.

生可能就会放弃填报而失去自己最想学的专业。但是如果学校按照专业大类进行招生，那么招生专业大类集合了多个专业的人数，招生人数就更多，学生的报考压力相对较小。

三是培养复合型人才。专业大类招生，学生第一年学习各专业共有的基础知识和公共文化知识，然后根据学生的兴趣和学习情况选择具体的专业进行重点学习，但是也会开设专业大类的选修课程，学生除了重点学习一门专业之外，还可以通过选修课拓展更多的专业知识，让学生能够多方向发展。学校通过专业大类培养也能够培养更多复合型人才，让学生能够在社会上可持续发展。在这一形势之下，高职院校势必要打破“专业”人才培养窠臼，实施专业群人才培养模式。那么，专业群是怎么一回事呢？

我国大多数高职院校主要依托于某个产业进行办学，基于行业发展和自身特色打造自己的差异化竞争优势。高职院校进行专业群建设的依据是相关产业的发展趋势和岗位需求，高职院校实施专业群建设既是对接产业转型升级发展、推进产教融合的外部要求，也是集成各类资源、提升办学核心竞争力和办学效益的内生需求[①]。高职院校实施专业群建设是在政府和教育主管部门政策的推动下进行的，无论是以前的国家示范（骨干）院校建设还是最近的“双高计划”建设，都为高职院校专业群建设提供了指导意见和建设支持。高职院校为了更好地服务社会经济的发展，提高自身竞争力和人才培养质量，对专业群建设的重视程度也越来越高。同时，促进专业群的发展也能为产业转型升级提供符合需求的技术技能人才，让高校和企业相互扶持，适应社会经济的发展。为了解决人才供需矛盾，政府、行业、企业都会要求高职院校的专业群与产业群的发展路径一致，保证高职院校培养的人才能够符合职业岗位的需求，这也要求高职院校进行专业群教育。

“专业群”指围绕某一技术领域或服务领域依据自身独特的办学优势与服务面向，以学校优势或特色专业为核心，按行业基础、技术基础相同或相近原则，

① 周桂瑾. 高职院校专业群建设模式的研究与实践[J]. 职业技术教育，2017，38（029）：24-27.

充分融合相关专业而形成的专业集合，[①]代表着学校的专业发展方向和重点。实施专业群式的人才培养，能够及时地根据产业转型升级情况调整专业群的整体结构，避免人才供需不平衡的情况出现。高职院校要积极主动地推进校企合作、整合校企资源，携手企业共建特色专业群，这也是社会经济发展对高职院校的客观要求。

5.1.2 重立人才培养目标

要想重立人才培养目标，首先要先搞明白专业群的建设意义。在明确了专业群之于人才培养的意义所在，才可能定下准确的人才培养目标。高职教育从招生来看是高考失利学生的教育，从教育培养来看是技术技能的教育，从毕业方向来看是就业的教育。高职院校进行专业群建设，对学校招生、学生培养、毕业方向都有着现实的影响。

首先，高职院校实施专业群式的人才培养模式，有利于凸显学校办学特色，形成品牌效益。观察市场的发展规律，如果一个企业的产品没有特色、没有品牌，那这个企业是很难在市场上生存的。如果一所高职院校没有自己的办学特色、没有形成品牌，也是很难得到社会的认可的。高职院校是通过专业群建设来体现自身办学特色的。2010 年以前，我国建立了很多高职院校，但这些学校的专业数量较少，专业之间的关联不大，各类教学资源的利用率较低。2010 年以后，我国高职院校开始注重自身内涵的发展，各高职院校对现有专业进行资源整合，依据办学特点和产业需求建立专业群，依托于专业群建设打造自己的办学特色。

其次，实施专业群式的人才培养模式，可以整合教学资源，提高教学资源利用率。专业群建设是整合专业群内各专业的已有资源，促进优势专业的发展，发挥优势专业的引领示范作用，促进其他专业的发展，从而提升整个专业群的人才培养效果，形成品牌效益。高职教育相对于普通高等教育，办学时间较短、办学基础较弱、教育资源有限，高职院校实施专业群建设就是解决这类问题，增强职

① 周桂瑾. 高职院校专业群建设模式的研究与实践[J]. 职业技术教育，2017，38（029）：24-27.

业教育基础。专业群建设可以让各专业相互借鉴，一起探索创新人才培养方案；可以让专业携手共建，培养复合型人才。

实施专业群式的人才培养模式，可以激发学校办学的创新意识，提升差异化竞争力。专业群整合了若干个学科相关或产业相关的专业，多个专业合作办学可以形成集群效应，集中精力打造核心专业、特色专业，提高专业群的核心竞争力，发挥核心专业的示范引领作用，带动其他专业取长补短，激发创新活力。

实施专业群式的人才培养模式，可以让学院提高抗风险能力并且可持续发展。正如北京汇佳职业学院院长徐恒亮所说："专业群建设不是学术教育中学科群建设的简单效仿，也不是对传统专业课程体系架构的一种修补和完善，而是事关学院长远发展战略的专业格局调整和专业内涵建设。专业群建设也是事关高职院校能否生存的生命线，必须高度重视。"[①]由职业教育发展历史来看，职业教育是结合行业产业需求办学的，行业产业的转型升级，技术发展迅速，那些跟不上时代步伐的专业必将会被淘汰。那么淘汰专业的所属教师、所属教学资源也应该跟随专业群建设，不断地调整以适应产业发展。我们以专业群为载体来设计和考虑问题，随着产业调整专业建设，这样的学院才是可持续发展的，学院的抗风险能力也会提高。

最后，实施专业群式的人才培养模式，有利于区域经济发展。以专业群为载体为产业群培养高素质技术技能人才，助力行业产业发展，进而提高区域经济发展质量。以信息化带动工业化，以工业化促进信息化，走出一条科技含量高、经济效益好、资源消耗低、环境污染少、人力资源优势得到充分发挥的新型工业化道路，这是我国工业化和整个国家现代化的战略选择。[②]现在各行各业都在实现信息化，高职院校的专业群建设无疑也要与信息化结合，更好地服务区域经济发展。

在明白了专业群建设的重要意义之后，我们能够精准制定人才培养目标。高

① 刘佰明，王宏刚．专业群及其建设意义探析[J]．科技创新导报，2014，11（24）：197-198．
② 刘佰明，王宏刚．专业群及其建设意义探析[J]．科技创新导报，2014，11（24）：197-198．

职院校专业群建设和学生培养的基础和最终归属就是人才培养目标，专业群人才培养方案和课程体系建设也是根据人才培养目标来制定的。那么人才培养目标应该包括哪些方面呢？

一是总体培养目标。以某职业院校计算机大类专业群人才培养总体培养目标为例：该专业群人才培养的总体目标是培养有理想信念、有道德情操、德智体美劳全面发展的高素质技术技能人才。综合素质方面：要求学生不仅要有创新实践能力，还要有一丝不苟的工匠精神，不仅要有职业道德，还要有可持续发展的能力。职业技能方面：要求学生扎实掌握本专业相关知识，能够面向软件和信息技术服务业、互联网和相关服务行业的计算机网络工程技术人员、计算机软件技术人员、信息和通信工程技术人员、其他计算机与应用工程技术人员等职业群（或技术技能领域），从事数据安全工程师、大数据分析师、移动应用开发工程师、软件开发工程师、网络应用开发工程师、人工智能服务工程师等工作，并且能够适应产业调整升级和技术革新。

二是素质培养目标。高等职业学校除了培养学生的专业知识和职业技能之外，还应该注重综合素质的培养。不同于传统职业教育，除了将人才培养目标划分为知识目标、综合能力目标和素质目标三个独立的模块，还要将这些目标有机地结合起来形成综合素质培养体系。高职院校还应该不断地研究、实践和调整素质培养体系，以期适应社会产业的需要，促进学生德智体美劳全面发展。

三是就业岗位目标，也叫职业能力目标。高等职业学校基本是以培养学生就业技能和素质为目标。专业群的人才培养方案是以满足行业产业对人才的需求为导向制定的，那么在人才培养方案中就应该包含学生职业规划、职业技能、职业道德、职业适应能力等内容，给学生提供高水平的学习平台。

综上所述，人才培养目标的设定要紧密结合专业群所对接的岗位群特点、地区经济特色等要素，并且要根据社会发展变化而实时更新与改善。

5.2 构建“平台+模块”课程体系

高职院校教育的载体是课程，模块化课程体系一般按照各个阶段的学习重点进行区分，包括公共文化素质基础模块、职业技术技能模块、综合素养模块三个部分。在这个过程中，循序渐进地将专业课程体系改为模块化课程体系，以项目的形式进行课程开发，以本地特色为基础进行教材开发。

高职院校模块化课程体系的框架一般是由教务处依据市场调研，结合招生处、实训中心、各学院等部门提供的行业用人要求与各项岗位需求，对各专业现有的培养方案课程体系进行创新调整而形成的课程体系。首先，将课程划分为三个模块：公共文化素质基础模块、职业技术技能模块、综合素养模块。然后，对每个专业进行项目教学设计，根据对应岗位和其主要工作任务的研究，参与专业群人才培养方案设计的教师、企业专家一起将原来的课程设计为模块化的项目式课程。

公共文化素质基础模块一般贯穿于学生入校的两个学年，即大一和大二，重点在于技术技能人才的综合素质培养和学生可持续发展能力的培养。例如：计算机基础由计算机基础知识、操作技能、项目解析、实例操作、任务攻克五个模块组成。

职业技术技能模块一般安排在学生入学后的前三个学期，该模块由若干门项目式专业课程组成，主要用于培养学生专业对应岗位应具备的基础理论知识和实践能力，是学生就业所必需的技术技能，是后续课程的基础。

综合素养模块一般设置在大二下学期和大三上学期，主要培养学生专业拓展技能、岗位适应能力等综合素养，学生通过职业等级证书的考试、职业技能大赛、顶岗实习等各类途径，提高职业技能和岗位适应能力，以期满足社会就业的需要。

模块化项目课程体系将原来的课程进行划分重组，遵循由浅入深、由简入繁、从一到多的原则，根据企业专业指导，将课程知识与实际项目相结合，提高学生的综合职业素养。

5.2.1 专业群课程体系与“专业课程”体系

一个行业或一个产业群的岗位需求，一般单一的专业培养的学生无法满足，这就需要多个产业群相关专业组建成专业群，一起培养学生以满足行业需求。比如 IT 行业面向的传统专业有计算机应用技术、软件技术、计算机网络技术等，将这些专业组建成软件技术与应用专业群，就可以满足 IT 行业的需求。学院以专业群进行建设，可以整合群内各专业的教学资源、教师资源、实训资源，专业之间协同工作、资源共享，既可以提高资源利用率，也可以让专业齐头并进、提高专业水平。比如“程序设计基础”“数据库原理及应用”等课程，软件技术与应用专业群内各专业学生均要学习，则可以共建共享课程资源。但专业之间培养也有一些差异性，这类课程就要做不同的要求。

5.2.2 重构课程平台体系

总的来说，专业群课程与“专业课程”是一个包含和被包含的关系，“专业课程”属于专业群课程中的一部分。以软件技术与应用专业群为例，该专业群包含软件技术、计算机应用技术、计算机网络技术等专业，该专业群的课程体系是依据软件行业人才需求、软件行业技术分析、软件岗位综合技术技能分析等内容，整合各专业资源构建的“基础平台资源共享、职业技能课程分立、综合提升课程互选”的体系。

1. 基础平台资源共享，构建基本素质课程平台和专业素质课程平台

用共享的概念设计基础平台课程，这类课程主要是公共文化课、专业基础课，秉承可持续发展的理念，培养学生的基本素质和岗位通用能力。公共文化课是基

本素质课程平台，主要包括语文、数学、英语等通识教育课程，思想道德修养与法律基础、形势与政策、毛泽东思想和中国特色社会主义理论体系概论等思想政治教育课程，信息技术、职业规划、创业就业指导等信息时代基本职业素质课程；专业基础课是专业素质课程平台，是专业群所有专业应知应会的专业知识和技术技能，为后续深入学习专业知识夯实基础，比如前文中提到的软件技术与应用专业群的专业素质平台课程就包括程序设计基础（C 语言）、数据库技术与应用、计算机科学概论、计算机网络、Web 前端技术、面向对象程序设计（Java）等课程。

2. 职业技能课程分立，构建核心课程平台

专业群内各专业依据自身特点和面向职业岗位的要求，分析岗位主要工作任务与教学实际的联系，对职业技能专业课进行重构，采用理论知识与实践技能相结合的方式进行课程设计，让学生在掌握理论知识的同时，训练自己的动手实践能力。例如，软件技术专业，根据专业对应职业岗位的主要工作任务，开设的专业核心课程有数据结构、UI 设计、PHP 程序设计、软件测试、中小型系统开发等。

3. 综合提升课程互选，构建素质拓展和专业拓展课程平台

除了开设基础课程和专业核心课程之外，专业群还可以给学生开设拓展课程，让学生根据自己的学习情况和兴趣选择专业拓展课程和素质拓展课程，提高学生综合素质。例如计算机应用技术、软件技术、计算机网络技术等专业的学生可以选修微信小程序开发、Web 前端开发、界面设计等素质拓展模块中的课程，以及跨平台混合开发等课程和实训。专业群提供综合提升课程供群内各专业学生选择，在提升学生专业能力和职业素养的同时，让学生习得迁移知识和跨岗位工作的能力，拓宽了学生就业通道，为产业培养所需要的高素质、可持续发展的复合型技术技能人才。

综上，专业群课程平台体系建设是一个循序渐进式的过程，依托于合作企业

的支持，对教学计划进行阶段性规划，使学生循序渐进地学习基础知识、学习专业知识、应用专业知识、熟悉岗位应用。专业群课程平台体系表见表 5.1。

表 5.1 专业群课程平台体系表

项目	阶段一	阶段二	阶段三	阶段四
学期	1、2	3、4	5	6
教学内容	公共基础平台 专业基础平台	专业核心模块 专业拓展模块	专业核心模块 专业拓展模块 企业项目实训	顶岗实习 毕业设计
教学主体	学校	学校	学校、企业	学校、企业
阶段目标	人文素质、职业素质、思想道德、数理基础、基本外语、学习能力以及软件专业基础知识、认知的培养	各岗位公有知识体系的培养，完成各软件相关专业核心知识体系的建设	结合企业，通过实践、实训的方式对各方向专业知识进行应用	进入企业，熟悉各个岗位、领域的实际应用情况，学习最新的行业应用知识

5.3 开发“高共享”课程资源

高职院校要提高自身教学水平，就需要不断建设和完善各类课程的教育资源，并提高各类资源共享率。同时，高职院校内数字化建设的不断深入，也为高职院校教学资源共享提供了基础平台。当下高等职业学院的教学资源呈现出以下问题：

一是教学资源形式单一，更新迭代较慢。信息技术迅速的发展，为构建教学资源库提供了基础平台，许多高等职业院校鼓励教师制作课程教学资源，实现课程资源的数字化，充实学校的教学资源库。校内师生可通过教学资源库共享课程资源。但是，很多课程资源可能只是为了完成任务才建设的，形式内容单一，且建成之后就很少会更新。只解决教学资源有无问题，而不管教学资源的后续维护。

二是教学资源重复开发，缺少统筹和整合。一门课程的教学资源建设是需要耗费大量时间人力物力的，并且在后续使用中还需要根据实际使用遇到的问题进行不断调整和完善，并且建设和维护网络教学平台也需要额外的费用和人力。然而，由于各院系对课程资源开发缺少统筹和整合，高职院校出现课程教学资源重复开发的情况，有的课程资源与教学实际不相符，校内师生对课程资源的使用率较低。

三是缺少必要的搜索机制。高职院校教学资源库的建设可以促进教育教学水平的提高，部分校内教师也建设了内容丰富、形式多样、符合教学实际的教学资源，然而如果缺乏合理的搜索机制，再好的教学资源，校内师生找不到也无法实现教学资源的价值。因此，高职院校在构建资源库时应建立合理的搜索机制，以便校内师生的使用。

针对以上现状，高校采取了一系列的措施探索教学资源共享的可行性，研究了优质教学资源实现“高共享”的对策。

首先，建立健全教学资源开发和维护机制。高等职业院校建设教学资源库，是为了提高教学资源的共享率和利用率。为保证教学资源的质量和后续维护，高职院校就应该建立健全教学资源开发和维护机制，对教学资源开发和维护进行长远规划。教师是教学资源开发的主力军，学校应该为他们提供有力的支持，鼓励教师参与到教学资源建设中；除了支持教师开发教学资源外，还应提出一定的要求，以保证教学资源的质量。教学资源建设好之后，需要在线上教学平台进行发布和维护，学校还应该设置专门的教学资源维护组织，负责线上教学平台的技术支持和教学资源的管理与维护，以确保校内师生能够有效利用教学资源。

其次，加快教学资源库建设步伐。高职院校可先共享国家精品课程教学资源，先使用国家已经建设好的高质量高水平教学资源、教学改革突出的教学资源、国家精品课程资源等。然后，共享校级精品教学资源，依托于社会上现有的线上教育平台，如中国大学 MOOC、智慧职教等平台，将校内教师制作好的教学资源上传平台，以供校内校外师生共享共用。最后，根据专业课程实际情况，开发具有专业特色且符合校内教学实际的教学资源，并不断完善和推广更多院校使用。

再次，建立可以推广全国的优质教学资源共享平台。为方便全国各校使用教学资源共享平台，该平台就应该使用统一的用户认证机制、方便的接入方式，并且能够做好长远的规划，合理地管理和整合资源。平台上要上传各校教育主管部门选拔和资助的教学资源。对于部分高职院校已建设的教学资源平台，则应该注意统一资源的标准，实现各校教学资源共享平台的资源能够互联互通，达到真正的共享。

最后，合理利用优质教学资源。主管高等职业院校的政府部门应该做好教学资源建设的顶层设计，统筹我国高职院校教学资源的建设，根据各高等职业院校的特色，明确优质教学资源的建设任务。各高等职业院校也要根据建设任务，选拔优秀的教师组建教学资源建设团队，并且为他们提供技术指导和制度支持。教师们在建设教学资源时，也要多学习多借鉴优秀的教学资源的制作经验，也可以要求专业技术人员来优化教学资源的呈现效果，必要时也可购买部分电子资源丰富课程内容。

由此，将全国范围内的特色课程、优质资源串联起来，实现课程的“高共享”。

5.3.1 课程资源建设“新”要求

随着我国产业的转型升级，正是需要大量专业的技术技能人才的时候，国家开始将注意力转移到职业教学的发展上来，各省各地的高等职业院校应该在这样的形势下依托学校特色和当地产业特色开发特色示范性课程资源。职业教育的最终目的是为社会经济发展培养技术技能人才，因此，在开发特色示范性课程资源的同时，高职院校一定要注重课程资源对学生实践能力的培养，并且做到“专业设置与产业需求、课程内容与职业标准、教学过程与生产过程、学历证书与资格证书、职业教育与终身教育”对接。

课程资源建设要做到“新”，就需要深化教学内容的改革，高职院校要把课程资源建设作为学校金融事务专业的重要组成部分。同时，高职院校开发课程资源要与专业对口企业合作，将就业岗位主要工作任务与课程内容相结合，遵循培养实践能力为主、学习理论知识为辅的原则，开发理论知识与实践能力一体化的课程资源。课程资源建设的教师团队，应和企业技术专家一起，将就业岗位主要工作任务经过一定的加工，然后转换成课程教学资料，整理成课程标准、电子教材、教学教案、教学课件、学习手册、教学微课视频、习题库、实践任务手册等课程资源。这些课程资源除了为教师提供备课资料外，还能方便学生课前预习、课后复习、练习巩固。依托于优质课程建设，各院系就可以逐步完善专业群课程体系、丰富教学形式和内容。

下面将以建设国家精品在线开放课程资源为例，分析高职院校课程建设的要求与准则。课程资源建设一般包括两个部分：课程基本资源与课程拓展资源。

1. 基本资源建设要求

基本资源指能反映课程教学思想、教学内容、教学方法、教学过程的核心资源，包括课程介绍、教学大纲、教学日历、教案或演示文稿、重点难点指导、作业、参考资料目录和课程全程教学录像等反映教学活动必需的资源。基本资源须按照课程概要、教学单元、教学资源，或按照课程概要、课程模块、教学单元和教学资源来组织，具体如图 5.1 所示。①

① 国家级精品资源共享课建设技术要求，2012.

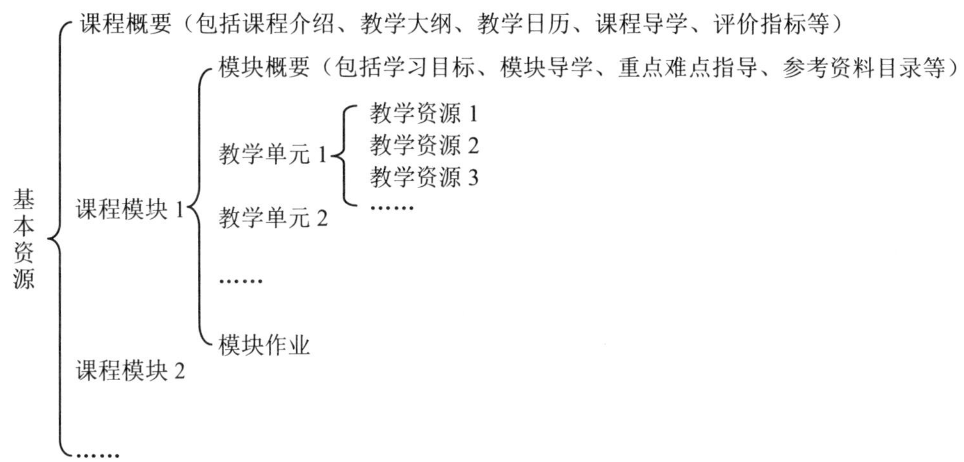

图 5.1 基本资源结构图

其中，课程模块由模块概要、教学单元集合、模块作业等构成，可理解为课程的章和节；而教学单元则包含一系列的教学资源，教学资源可以是学习指导、演示文稿、教学录像、作业/试卷、实验/实训/实习资源等，教学资源可相对独立，可以被单独使用。

基本资源应符合以下格式与技术要求：

（1）课程介绍：主要包括课程特点、教学目标、教学内容覆盖面、教学方法及组织形式、授课对象要求、教材与参考资料等内容，采用 DOC 或 DOCX 格式。

（2）教学大纲：以纲要形式规定课程的教学内容，具体应包括课程的教学目的、教学任务、教学内容的结构、模块或单元教学目标与任务、教学活动以及教学方法上的基本要求等，采用 DOC 或 DOCX 格式。

（3）教学日历：教师组织课程教学的具体实施计划表，应明确规定教学进程、授课内容、课外作业、授课方式等，采用 DOC 或 DOCX 格式。

（4）演示文稿：要求模板朴素、大方，颜色适宜，便于长时间观看；在模板的适当位置标明课程名称、模块（章或节）序号与模块（章或节）的名称；多个页面均有的相同元素，如背景、按钮、标题、页码等，可以使用幻灯片母版来实现。文件制作所用的软件版本不低于 Microsoft Office 2003，采用 PPT 或 PPTX 格式，不要使用 PPS 格式。如果有内嵌音频、视频或动画，则应在相应目录单独提供一份未嵌入的文件。同时提供关于最佳播放效果的软件版本说明。版式设计方面，每页版面的字数不宜太多。正文字号应不小于 24 磅，使用 Windows 系统默认字体，不要使用仿宋、细圆等过细字体，不使用特殊字体，如有特殊字体需要转化为图形文件；文字要醒目，避免使用与背景色相近的字体颜色；页面行距建议为 1.2 倍，可适当增大，左右边距均匀、适当；页面设计的原则是版面内容的分布美观大方；恰当使用组合，某些插图中位置相对固定的文本框、数学公式以及图片等应采用组合方式，避免产生相对位移；尽量避免不必要的组合，不同对象、文本的动作需要同时出现时，可确定彼此之间的时间间隔为 0 秒；各级标题采用不同的字体和颜色，一张幻灯片上文字颜色限定在 4 种以内，注意文字与背景色的反差。动画设计方面，动画连续，节奏合适，不宜出现不必要的动画效果，不使用随机效果。导航设计方面，文件内链接都采用相对链接，并能够正常打开；文件中链接或插入的其他素材满足本要求中关于媒体素材的技术要求；使用超级链接时，要在目标页面有“返回”按钮；鼠标指针移至按钮上时要求显示出该按钮的操作提示；不同位置使用的导航按钮保持风格一致或使用相同按钮。最后，尽可能少用宏，播放时不要出现宏脚本提示。

（5）教学录像：按教学单元录制，采用 MP4 格式，录像环境光线充足、安静，教师衣着得体，讲话清晰，板书清楚。视频压缩采用 H.264（MPEG-4 Part10：profile=main，level=3.0）编码方式，码流率为 256kbps 以上，帧率不低于 25 fps，分辨率不低于 720×576（4:3）或 1024×576（16:9）。声音和画面要求同步，无交流声或其他杂音等缺陷，无明显失真、放音过冲、过弱。伴音清晰、饱满、圆润，无失真、噪声杂音干扰、音量忽大忽小现象。解说声与现场声、背景音乐无明显比例失调。音频信噪比不低于 48 dB。字幕要使用符合国家标准的规范字，不出现繁体字、异体字（国家规定的除外）、错别字；字幕的字体、大小、色彩搭配、摆放位置、停留时间、出入屏方式力求与其他要素（画面、解说词、音乐）配合适当，不能破坏原有画面。

（6）教学案例：必须具有典型意义，能说明一定的实际问题。格式不限，能够通过常用浏览器或软件正常使用。有关媒体素材符合本要求中对媒体素材的技术要求。

（7）例题：必须具有典型意义，并且结构完整，至少包括题干、解答过程（解析）两部分。格式不限，能够通过常用浏览器或软件正常使用。有关媒体素材符合上述要求中对媒体素材的技术要求。

（8）作业或试题：要满足测试目标的要求，涵盖考查范围内的主要知识点，采用 DOC 或 DOCX 格式。考查内容的题量和试题难度分布应与教学内容结构一致，具有一定的效度和信度，前后顺序必须合理，试题之间不能相互提示，不能相互矛盾，应附上答案和参考题解。

（9）实验、实训、实习资源：这些资源中所采用的媒体素材符合本要求中对媒体素材的技术要求。实验、实训、实习资源的程序能正常、稳定运行：能正常地启动和退出，各功能按钮能正常工作，没有链接中断或错误，没有明显的技术故障。单机运行的实验、实训、实习资源，能够运行于 Windows 2000 或更高版本。基于静态网页的实验、实训、实习课件，或基于服务器的交互式实验、实训、实习课件，必须能够通过常用浏览器正常使用，与硬件平台无关。

（10）文献资源：譬如国家政策性文件、法律法规、行业规范、企业规范、国家标准和国际标准等文献，应采用最新正式发布的文件。有实际的参考价值，版本号、发布日期、发布单位、使用范围要明确，符合文本素材的技术要求，文献资源的编目参考 CDLS（中国数字图书馆标准与规范）相关要求。

（11）常见问题：要具有典型性和普遍性，有实际参考价值。问题应包括问题正文、问题解答、参考资料和关键词等内容，问题中的有关媒体素材符合上述要求中关于媒体素材的技术要求。

（12）教学课件：课件中所采用的媒体素材符合本要求中对媒体素材的技术要求。基于静态网页的课件或基于服务器的交互式课件必须能够通过常用浏览器正常使用，与硬件平台无关。教学课件主要分为网页型课件和 Flash 课件。

1）网页型课件的要求如下：网页目录层次清晰，命名简洁、准确、合理，使用英文或拼音作为文件名，页面上要标明当前页面展示内容的标题，每个网页内要有完整的标签，每个网页内标签之间要写明该页的标题，并且与页面上的标题一致，网页内的所有路径写法均使用相对路径，如 images/logo.jpg。避免出现大量的垃圾代码。使用网页编辑工具编辑网页，不要直接将 Microsoft Word、WPS 等文件内容粘贴到网页文件中，对于背景、表格、字体、字号、字体颜色等统一使用样式表（CSS）处理。网页的样式风格尽量一致，在背景、色调、字体、字号上不要相差太多，全屏浏览时不要上下、左右同时出现滚动条，如果有背景音乐，背景音乐的音量不易过大，音乐与课件内容相符，并提供控制开关，兼容 Microsoft IE、Google Chrome、Mozilla Firefox 浏览器，鼓励采用 HTML5 编码。

2）Flash 课件的要求如下：课件的开始要有醒目的标题，标题要能够体现课件所表现的内容，选用字体时尽量避免文字残损，字体大小可以根据文字多少进行调节，文字要醒目，避免使用与背景色相近的颜色，根据课件的内容和使用对象的特点来确定整体色彩和色调，画面简洁清晰，界面友好，操作简单。尽量根据教学内容的实际需求，设计较强的交互功能，促进学习者参与学习，但交互要合理设计。动画连续，节奏合适，提供进度控制条，解说配音应标准，无噪声，快慢适度，并提供控制开关，背景音乐的音量不易过大，音乐与课件内容相符，并提供控制开关。在课件中不同位置使用的导航按钮风格一致或使用相同的按钮，采用 Flash 6.0 以上版本制作。

（13）媒体素材：主要分为五大类：文本、图形或图像、音频、视频、动画。

1）文本素材：纯文本采用 UTF-8 编码或 GB18030 编码，采用常见存储格式，如 TXT、DOC、DOCX、PDF、RTF、HTM、HTML、XML 等。

2）图形或图像素材：彩色图像颜色数不低于真彩（24位色），灰度图像的灰度级不低于256级。屏幕分辨率不低于1024×768时，扫描图像的扫描分辨率不低于72dpi。采用常见存储格式，如GIF、PNG、JPG等。

3）音频素材：语音采用标准的普通话、美式或英式英语配音，特殊语言学习和材料除外。使用适合教学的语调。音乐类音频的采样频率不低于44.1kHz，语音类音频的采样频率不低于22.05kHz。量化位数大于8位，码率不低于64kbps，音频播放流畅，声音清晰，噪声低，回响小。采用常见存储格式，如WMA、MP3、MP4或其他流式音频格式，建议优先采用MP3格式。

4）视频素材：分辨率不低于320×240，彩色视频素材每帧图像颜色均为真彩色，图像清晰，播放流畅，声音清楚。字幕要使用符合国家标准的规范字，不出现繁体字、异体字（国家规定的除外）、错别字；字幕的字体、大小、色彩搭配、摆放位置、停留时间、出入屏方式力求与其他要素（画面、解说词、音乐）配合适当，不能破坏原有画面。音频与视频图像有良好的同步，音频部分应符合音频素材的质量要求，优先选用MP4格式。

5）动画素材：动画色彩造型和谐，帧和帧之间的关联性强，动画演播过程要求流畅，静止画面时间不超过5秒，采用GIF、SWF（不低于Flash 6.0）或SVG存储格式。

2. 拓展资源建设要求

拓展资源是指反映课程特点，应用于各教学与学习环节，支持课程教学和学习过程，较为成熟的多样性、交互性辅助资源，如案例库、专题讲座库、素材资源库，学科专业知识检索系统、演示/虚拟/仿真实验实训（实习）系统、试题库系统、作业系统、在线自测/考试系统，课程教学、学习和交流工具及综合应用多媒体技术建设的网络课程等。[①]拓展资源在技术上要遵循以下要求：

（1）拓展资源中涉及的媒体素材、教学课件和演示文稿等遵循基本资源建

① 国家级精品资源共享课建设技术要求，2012.

设技术要求。

（2）数据存储须采用关系数据库，数据访问须进行严格的授权保护。

（3）提供统一的应用程序接口、数据导入导出接口及其说明文档。

（4）技术架构须采用分层设计理念。

（5）界面设计要尽可能地便于用户操作。

（6）按照协议约定提供相应的开发及技术文档。

如上所说，课程资源的建设并不是一件容易的事情，对课程资源建设教师团队的要求也是很高的。为了建好建优课程资源，教师团队在建设课程资源时一定要对照国家精品课程资源要求来制作，并且要考虑后续课程资源的共享性。

5.3.2 重建课程教学资源

关于重建课程教学资源，其实是对课程的重新组合，以及资源的更新。在进行课程资源建设的时候要对标国家标准进行开发，以确保后期的使用率和共享度。下面，以软件技术专业为例，谈一谈课程教学资源建设的方案，希望能对大家重建课程教学资源提供思路和启发。

1. 软件技术专业方向核心教材开发

（1）教材开发需求分析。

软件行业具有能耗低、无污染、知识点多、附加值高、技术更新迭代快、应用广泛等特点，所以成为知识生产型、先导型、战略性的新兴产业，以其高度的适应性与其他产业融合形成“互联网+”产业模式，成为我国国民经济的有力增长点。软件技术也成为世界各地的研究热点之一。随着我国计算机和智能手机的普及，人们对软件产业的需求也更加广泛，各行各业都需要软件应用，因此软件行业市场前景十分广阔，但是一个行业发展是需要专业人才的，目前软件技术人才相对紧缺。

随着软件行业的蓬勃发展，软件行业对于软件人才岗位需求的大量增加，包括前端开发、界面设计、后端开发、软件测试等诸多新兴软件岗位的出现，使得高职院校软件技术专业的培养模式进行改革以适应行业的发展。因此，在软件技术专业课程设置上，要做到与时俱进，与当下软件行业中所用的最新技术最新规范紧密结合，才能让培养的学生就业时能够与企业岗位需求适配。根据软件行业岗位招聘需求，高职院校软件技术专业应合理地将新知识融入到教学中，及时更新教学内容和手段，让软件技术的人才培养方案符合软件行业的发展趋势和实际需求，基于此来开展课程教材的开发工作。

（2）教材开发的特点。

首先，教材内容应该结合企业岗位主要的工作任务来开发，学校邀请校企合作的企业专家一起根据课程知识点研究与之相应的实践任务，校内教师与企业专家一起制定课程目标、课程大纲、教学计划等内容，融合课程的理论知识、对应的实践任务、新技术新规范，编制新教材。

其次，教材编写需要满足“必须”和“够用”的原则，教材内容要符合行业企业岗位具体工作内容、要符合学生学习技术的需求、要符合学生持续化发展和个性化发展的需求。教材要能够激发学生学习的兴趣，并且能为学生答疑解惑，使学生看完之后能够在技术上和思想上有所收获，引导学生养成良好的学习方式。

再次，教材内容针对实际工作任务有所侧重，不仅要做到“教、学、做”相结合，还要体现思想教育，做到“素质、能力、知识”相结合。教材的编写逻辑要与实际工作任务的发展顺序相契合，理论知识与技术技能都应该与实际岗位需求相符。

最后，教材开发时应做到“以学生为中心”，教师团队与企业专家一起分析研究如何将课程内容项目化，并且考虑如何将整个项目按知识点进行分解。教材编写内容应当让学生在解决实际问题完成项目任务的同时学习理论知识，在掌握理论知识的基础上锻炼自己的动手能力，让学生在学习的过程中有参与感、获得感和成就感，最后通过评价检查学习效果。

（3）实施规划与流程。

教材开发工作分三步：

第一步：企业调研，教材编写团队要根据课程内容，到相关企业去进行系统的调研，或邀请企业专家到学校来进行研讨，结合课程内容和对应岗位要求、工作任务内容与教材知识点、企业考核机制与教学考评机制等内容，根据人才培养方案的教学计划，编写教材的目录、实施计划、教学方法等，并以此作为教材编写的基础，保证编写教材的先进性、合理性。

第二步：制作素材，教材编写团队根据已经研究出的教材目录、教学方法、实施计划和学校特色与教学基础，制作教材所需的各类教学素材。

第三步：撰写教材，在上述基础上对教材开发任务进行分解，做到有计划地进行教材的编写。为保证教材符合国家标准，可在完成阶段任务后组织校内外专家进行评审，不断提高教材质量。

2. 校企合作开发课程资源

（1）课程资源开发要求。

为满足IT行业对技术技能人才的要求，让学生具备就业创业能力和可持续发展的能力，软件技术专业开发教材时，不仅是编写一本教材，还要制作符合国家关于课程资源库建设标准的课程资源包。每个课程资源包与教材对应，主要包括课程标准、多媒体教材（电子版）、教案（电子版，1个/2个学时）、教学课件（电子版，1个/2个学时）、教学微课视频、习题课（电子）等内容，详细要求如下：

1）课程标准。课程标准中应包含课程的详细信息，包括课程的性质（理论课、实训课、理实一体课等）、课程设计思路和理念、课程的目标（思政目标、劳动教育目标、理论知识目标、技术技能目标、情感目标）、课程的内容（以大纲的方式罗列课程主要知识点、重点难点、考核评价方式等）、实施计划、课程资源说明等。

2）多媒体教材（电子版）。传统教材是文字加图片的方式组织的，稍显枯燥，多媒体电子教材中可以插入更多样的电子素材，如动画、视频、交互式网页等，提高教材的趣味性，激发学生的学习兴趣，增加教材对学生的吸引力。

3）教案。教案应是每次课一个教案，包括本节课的重点难点、教学方法、教学组织、总结、评价反思等内容，教案是对教材的分解，是评价教师备课是否充分的依据，关系着课堂组织是否合理。

4）教学课件。教学课件是学生预习、教师教学、学生复习的重要载体，因此在制作教学课件时，要把知识讲清楚、讲明白，还要保证一定的趣味性，吸引学生的注意力和激发学生的学习兴趣，保证教学效果。

5）教学微课视频。对于某些知识的重点、难点，教师可以通过录制微课的方式进行重点讲解，以备学生重复观看深入理解。教师可以通过实验演示或者情境录制的方式，在保证知识点完整性的前提下，录制一个 10 分钟左右的教学视频，形成一组突破重点难点的教学资源。

6）习题库。教师可依据每个教学阶段的重点和授课经验，形成有针对性检验学生学习情况的练习题目。一般包括单元巩固题和模拟试卷库，以单选题、多选题、填空题、简答题、应用题等多种题型组织。习题库的目的是发现学习知识过程中的易错点，帮助学生更加牢固地掌握知识。

（2）课程资源开发分工（表 5.2）。

表 5.2　课程资源开发分工

序号	建设内容		任务分工	
	建设内容	质量要求	学校	企业
1	课程标准	依据教学实际和教学目标，编制的指导教学的一套标准	提供学校内该课程执行的课程标准	研究分析学校提供的课程标准，并根据企业现在应用的技术，对课程标准提出修改意见，并与学校企业合作修改

续表

序号	建设内容		任务分工	
	建设内容	质量要求	学校	企业
2	多媒体教材	1. 与教材内容匹配； 2. 在教材中插入更多样的电子素材，如动画、视频、交互式网页等，提高教材的趣味性	提供课程现在使用的教学素材，并根据教学内容重难点进行调整或重新设计	配合学校使用先进的技术丰富多媒体教材的素材
3	教案	根据课程内容和实践要求，制作格式统一、内容全面、符合规范的教学教案； 明确教学任务、教学重点、教学难点，融合教学能力目标和企业实践目标； 遵循合理、实用、可行的客观规律，对教学内容和教学组织进行合理设置； 教学内容要注重理实结合，能够在正式工作任务中有所体现； 每次课都要制定一个教案，有对上次课的复习、本次课的教学内容，以及本次课的反思	根据每 2 个课时一个教案的标准，提供本课程目前使用的教案	分析教案中的教学内容、重点难点，从主要工作任务中提取与之契合的技能要点，实践任务； 总结课程涉及的新技术、新规范，补充到教学内容中
4	电子课件	是学生预习、教师教学、学生复习的重要载体，因此在制作教学课件时，要把知识讲清楚、讲明白，还要保证一定的趣味性； 使用先进的信息技术手段，提高课件的交互性，提高学生的参与度； 对课件进行美化，提高课件对学生的吸引力	提供课程现在使用的课件和实例素材	根据课件中的知识点，设计与之契合的实践任务，并应用于教学； 制作配套的项目资源，满足项目化教学需求
5	教学视频制作	根据国家对教学视频制作制定的标准，录制教学微课视频，一个微课视频约 10 分钟，对一个知识点进行深入讲解，保证知识的完整性和实用性	对课程重点知识进行梳理，对录制逻辑进行设计，并和企业专家一起合作完成微课视频的制作	为微课知识点提供实践技术指导，参与到微课视频的制作中去

续表

<table>
<tr><th rowspan="2">序号</th><th colspan="2">建设内容</th><th colspan="2">任务分工</th></tr>
<tr><th>建设内容</th><th>质量要求</th><th>学校</th><th>企业</th></tr>
<tr><td>6</td><td>习题库</td><td>能够覆盖教学内容的知识点；
能够检验学生对知识点的学习情况；
引导学生对知识点进行实际应用，做到举一反三；
帮助学生对自己学习成果进行评价；
融合企业对该课程知识考评的内容</td><td>提供课程已有的习题集，根据重新修订的教学内容更新习题库</td><td>在习题库中补充招聘考试的知识点、题目、答案解析等内容；
根据实际工作中易出错的知识点，对习题库进行修订整理</td></tr>
</table>

3. 课程资源建设的保障措施

（1）统一认识，加强领导。

高职院校在课程资源建设过程中，要加强组织领导，做好课程资源建设工作的顶层设计，各级各类人员的统筹协调，并且将责任落实到人。一般情况下，高职院校由党委书记总体组织负责，然后由各系教学主管人员主持推进，专业负责教师组建课程建设小组进行具体建设和实施。各级各部门要统一思想，团结协作，保证课程建设任务的有序推进。

课程建设工作一般实行课程负责人制，课程建设工作以课程资源为管理对象，课程负责人负责课程建设的统筹规划，保证课程资源质量。在制作课程资源之前，组织教师对教学内容、教学技术、学生需求、相关政策等内容进行研究；在制作课程资源时，组织教师与企业专家进行合作交流；在制作完成后，安排教学资源的上线、维护、完善等工作。

（2）落实经费，资源互补，加强合作。

建立经费投入保障机制。课程资源建设需要一定的人力物力财力才能保证其质量，因此，课程建设团队要明确课程建设经费渠道，合理制定课程建设费用使用计划。高职院校也应在学校总体经费中划拨更多经费到课程建设中，同时，学校也要积极与企业进行合作，吸纳社会投资，与企业一起共建共享课程资源。相信在学校和社会各方的合作下，课程建设经费能够得到有效保障。

加强项目与资金管理。学校要对课程建设经费进行合理的安排和控制，并安排专家对课程建设进行阶段性检查和经费使用情况检查，做到依据事实情况调整课程建设经费。对于经费支出项目的比重也要有一定的监控，把好课程建设经费支出大关，确保课程建设经费使用有规范，课程建设有保障。

5.4 打造德才兼备高水平教学创新团队

对于德才兼备高水平教学创新团队的打造，关键在于“双师型”教师的打造。我国学者对“双师型”教师有很多种解释，一部分学者将“双师型”教师分为两种类型：“双职称型”和“双素质型”。“双职称型”教师是在已经获得教师职称之外，还获取了其他系列的职称的教师；而“双素质型”教师是指具备理论教学素质和实践教学素质的教师。一部分学者将“双师型”教师分为三种类型：“双证书”教师、“双能力”教师、“双融合”教师。“双证书”教师是指在获取高校教师资格证之外，还获取了工程师、工艺师等其他技术资格的职教教师；“双能力”教师是指具备理论教学能力和实践教学能力的教师。“双融合”教师是指教师既有教师资格证和职业资格证，又能够从事理论教学和实践教学的教师。

不管是哪种解释，高职院校对“双师型”教师的描述大多只是在字面上，在评定“双师型”教师时，多是以“双证”“双职称”的标准进行认定的，即“高校教师资格证+中级及以上职业资格证（或专业技术职务）”，比如“高校教师资格证+中级软件设计工程师证”。高职院校“双师型”教师应具备的素质和能力如下：

（1）具有良好的道德情操和职业素养，能够完成教书育人的工作，也能对学生进行职业指导。

（2）具有扎实的学识，对于所在专业的课程知识都要掌握，基础理论知识扎实，实践应用能力强劲，实践经验丰富。“双师型”教师还应根据自身实践经验，对现有课程提出改进意见，参与到课程建设中去，提高专业教学水平。

（3）具有一定的经济常识，能够了解“人力资本”“知识资本”等经济学概念，树立正确的经济价值观。

（4）具有良好的沟通协调能力，不管是与学校领导沟通、与教师之间的交流协作，还是与企业人员交流，都需要教师具备良好的沟通协调能力。

（5）具有一定的组织管理能力，教师在组织教学时要能够有效管控课堂，在管理班级学生时要能够统筹兼顾，并且还应该具有一定的企业项目管理能力，以及指导学生企业实践管理的能力。

（6）具有良好的适应能力和创新能力，教师在顺应时代发展时要能够快速学习新技术新规范以适应行业企业的发展；并且还应该有一定的创新能力，积极参与到课程创新和三教改革工作中去。

5.4.1 专业群教学师资要求

高职院校进行专业群建设对教师来说既是机遇也是挑战，专业群建设能够促进校企深度融合，整合教学资源，教师也有更多的机会与其他专业教师或企业专家进行沟通交流；同时，也要求教师具备更加丰富的专业知识和不断学习的能力。

1. 专业群师资建设需要产教融合

职业教育要积极推进校企合作、产教融合，专业群教师队伍作为职业教育的主力军，其建设也应该遵循产教融合的原则，学校教师到企业顶岗实习增强实践本领，企业工程师到学校教学，校企合作共建师资队伍。我国社会经济发展迅速，国家对职业教育的定位也随之改变，现在职业教育与普通教育一样，是国民教育不可或缺的一部分，也是社会人力资源供给的主力之一。职业教育不再仅仅是关注某个专业的人才培养，还要关注国家人力资源结构的动向，合理调整人才培养结构，做到学校与企业人力供需平衡。高等职业院校与企业合作，一起承担“双师型”教师队伍建设的任务，对于校内教师，增加企业实践机会，让教师更快具备“双师型”教师应具备的素质和能力；对于企业工程师，邀请他们到高职院校担任兼职教师，在实训实践课上给予学生更加贴近企业工作的指导，培养的学生能更好地适应企业的工作要求。

2. 专业群师资建设要实现开放共享

职业院校专业群的开放包容性也要求专业群内的师资建设的开放性。专业群师资队伍既是一个统一的整体，也是一个对外开放的集体。专业群教师队伍建设不应该在院系之间、校企之间设置边界，要给教师与其他学科教师、行业专家之间沟通交流合作的机会，形成一个信息资源交流共享的集体。专业群建设的过程就是一个资源整合优化的过程，教学资源共建共享，是对资源的有效利用。专业组群后，根据各专业教师的研究方向、教学年限、学历等情况，对教师队伍进行整合优化，对于以前重复开设或者十分相近的课程，整合教学资源，共享教师资源；鼓励教师负责两门以上课程教学，丰富学科知识。

3. 专业群师资建设要促进协同发展

各高等职业院校专业群依据一定的组群逻辑组建一个相互协作的专业集群，专业群内各专业协作共生。专业群的发展也是专业的发展，各专业应共同努力共建高水平专业群。专业群的培养目标依托于产业群的人才需求，产业的转型升级给专业群提出了更高的要求，因此，专业群内教师之间更要团结协作，学校与企业之间也要协同发展，共建良好人力资源生态。

5.4.2 重塑教学师资队伍

开展专业群教师队伍建设，不仅要有先进的建设理念和理论依据做指导，而且要有恰当的途径和措施。①

一是建立健全专业群教师发展的相关政策，为教师团队建设提供经费支持。首先，很多高职院校的办学经费是比较紧张的，那么对专业群专任教师的培养经费非常少，甚至没有支持，这不利于教师队伍的建设；其次，高职院校没有一个统一的教师队伍建设和评价标准，各高等职业院校根据自身经验和实际需求，在不断探索中建设自己的教师团队；最后，还需要积极改革职业院校的人事和分配制度，对于获得职业资格证书的人才或者有重大实践项目经历的教师，应当予以倾斜。

二是构建学校与企业合作共同培育专业群教师队伍的模式，有效提升教师的职业能力。首先，职业院校可以根据专业群教师发展的目标及素质、能力要求联合企业或者行业共同设计师资培养方案，开展培训，提高教师教学能力；其次，校企协同可以制定专业群教师的实践计划、顶岗实习等内容，锻炼教师的行业实践能力；最后，安排优秀教师每年通过跟岗学习、到企业实习、进修等形式，到企业接受1～3个月的学习和培训，以确保教师实践水平切实提升。

三是校企师资互聘，打造一支专兼结合的教师队伍。特别是聘请企业的能工巧匠、技能大师等到校任职。为了保障企业兼职教师来校任教的稳定性，学校需要与企业建立稳定的合作，并且制定企业兼职教师聘用、管理的规范，安排专职人员对企业兼职教师进行教育教学辅导。

四是完善学校组织管理机制，为专业群教师队伍建设保驾护航。首先，可以建立分级认定的制度，对教师的晋升和发展设计多条道路可供其选择，比如有的教师走教学型教师通道、有的走科研型教师通道、有的走教学科研型教师通道，考核指标各不相同。其次，设置合理的、动态的教师绩效考评机制。不同职称教师绩效考核的机制有所不同，每一年的年底考评当年的绩效。最后，完善各项任

---

① 朱厚望．专业群教师队伍建设的内涵、原则及路径研究[J]．长沙航空职业技术学院学报，2018（3）：1-4．

务的激励政策，保证每位教师能够迅速成长起来。高职院校要合理的统筹教学任务、科研任务、课程开发任务以及教师对于学校的人文关怀需求，制定合理的正向激励制度，激励各级各类教师积极向上发展。

5.5 创新教材与教法

2020 年 10 月，国家教材委员会发布了《关于开展首届全国教材建设奖评选工作的通知》（国教材〔2020〕4 号），正式启动了我国首届全国教材建设奖的评选工作，全国教材建设奖共设置三个奖项："全国优秀教材""全国教材建设先进集体""全国教材建设先进个人"。

职业教育教材参评条件如下：

（1）正确的价值导向。

（2）突出职业教育特点，深化产教融合和校企合作。

（3）教材内容科学先进。

（4）教材编排科学合理。

（5）教材水平较高、使用广泛。

（6）教材社会口碑较好。

（7）符合国家规定。

由此可见，想要编撰出一部质量较高的职业教育新型教材需要注意如下几点：

- 深入理解职业教育特色，教材内容明确培养目标，符合产业生产实际，体现产教融合和校企合作的理念。
- 教材内容要融合新技术、新工艺、新规范，体现教材内容的先进性。
- 撰写教材要关注国家规定，科学合理分工，注重编排质量。

5.5.1 专业群新型教材建设要求

党的第十八次全国代表大会召开以来，在党和国家的领导下，我国教材开发工作有效开展，教材质量有了质的飞跃。全面贯彻落实全国教育大会精神，抓好新时代大中小学教材建设，核心是要落实好习近平总书记对教材提出的“五个体现”要求。[①]

一是要充分体现马克思主义中国化要求。要坚持马克思主义指导地位，立足中国特色社会主义实践，创新学科体系、学术体系、话语体系，系统深入阐释马克思主义中国化最新成果、中国特色社会主义丰富实践，深刻解读中国现实，回答中国问题。

二是要充分体现中国和中华民族风格。重视文化传承，关系到一个国家和民族的根基。我国有独特的历史、独特的文化、独特的国情，必须坚定不移地走自己的路。教材建设要自觉坚定文化自信，坚持中华文化的主体性，坚守中国文化的话语权，充分体现中国特色、中国风格、中国气派。

三是要充分体现党和国家对教育的基本要求。教材体现国家意志，是国家事权。我们是中国共产党领导下的社会主义国家，社会主义建设者和接班人是我们对培养什么人的本质规定，教材建设必须坚定不移地贯彻党和国家的意志，自觉坚持为人民服务，为中国共产党治国理政服务，为巩固和发展中国特色社会主义制度服务，为改革开放和社会主义现代化建设服务。

四是要充分体现国家和民族基本价值观。教材集中体现一个国家、一个民族的价值观念体系。要坚持不懈培育和弘扬社会主义核心价值观，全面加强中华优秀传统文化、革命传统文化和社会主义先进文化教育，使其在亿万学生心田里生根、发芽、开花、结果。

五是要充分体现人类文化知识积累和创新成果。教材是传播新知识、新思想、

---

① 郑富芝．落实“五个体现”把牢育人方向[J]．中国教育报，2018（20）：3．

新观念的重要载体。教材建设必须立足中国，面向世界，拓宽视野，博采众家之长，及时反映世界科技新进展，吸收人类文明优秀成果，为培养具有前瞻思维、国际眼光的人才提供有力支撑。

以上是对于教材建设的核心观念而提出的几个要求，那么，面对教材的改革创新，我们还需要做到教材形式和资源建设的创新。信息时代的到来，教材不应该只拘泥于纸质教科书的形式，还应该与信息技术相结合，丰富教材资源。以教科书为中心，开发课件资源、动画资源、视频资源等配套资源，方便教师备课、上课和总结复习，方便学生预习、学习和复习功课。教材开发工作不能一成不变，要在提质量、优形式等方面寻求创新，给提高学生综合素质、技术技能提供有力支撑。信息化技术让我们工作、学习和生活的方式发生了翻天覆地的变化，数字化校园的建设也为我们教育教学提供了新的思路。教材开发工作也要顺应当下技术的变化，在符合教师教学条件和学生学习条件的前提下，有效利用新的信息化技术优化教材和配套资源的展现形式，如在线学习平台的建设与优化，课件的美观和交互性的优化等。教师也应该积极学习新的信息化技术，优化教学效果。

5.5.2 重写专业群教材

教材并不是开发一次永久使用的，随着新技术、新工艺、新规范的出现，教材的内容也需要进行更新，教师团队就需要对教材进行重写。随着专业群的组建，教学使用的教材也需要重写。首先，需要进行专业群教学所使用的新型教材的内涵界定、知识基础和教材开发逻辑分析与研究；然后，在教材开发过程中，有机地融入各个专业所在行业的最新最常用的知识和先进技术，引入各个专业所在行业的行业标准，完善各个专业的知识体系，并且勇于改革创新，开拓新的学科领域，才能够进一步优化专业群建设和专业群教材体系发展。下面以软件技术与应用专业群为例，从以下几个方面介绍专业群教材开发工作。

1. 融入软件行业最新最常用的知识和先进技术

当下，我国软件行业最新最常用的知识和先进技术，一般是行业企业遵循国家政策规范，进行改革创新应用于生产实践的技术，并在行业内推广应用。中国共产党第十六次全国代表大会上提出“以信息化带动工业化，以工业化促进信息化，走出一条科技含量高、经济效益好、资源消耗低、环境污染少、人力资源优势得到充分发挥的新型工业化路子”的战略方针，这也为我国软件行业与其他行业协同发展明确了方向，拓宽了软件行业的发展道路。

2010 年 10 月国务院发布了《关于加快培育和发展战略性新兴产业的决定》(国发〔2010〕32 号)，其指出云计算技术的研发与示范性应用，将更多的精力放到集成电路、高端软件、高性能服务器等关键性基础产业的发展上来，增强应用软件、网络增值服务等信息化产业服务能力，使用智能化技术为重点基础设施赋能。2011 年的《当前优先发展的高技术产业化重点领域指南》，将信息技术咨询服务、信息系统工程监理服务、信息系统设计服务、集成实施服务等信息系统集成服务，信息系统托管服务，数据挖掘与管理服务，SaaS 平台（软件即是服务）、PaaS 平台（平台即是服务）等云计算服务模式，面向应用的高性能计算机软件研发和服务业务列为优先发展的高技术产业化重点领域。2013 年《计算机软件保护条例》对我国软件开发与应用的健康向上发展，软件产业和国民经济信息化的发展具有重要的促进意义。

2014 年发布的《国务院关于加快发展生产性服务业促进产业结构调整升级的指导意见》（国发〔2014〕26 号），指出针对各行各业生产服务提供信息系统解决方案，加快各行各业软件研发，软件行业积极配合其他行业产业调整升级提供信息技术支撑，实现产业数字化升级。2015 年提出的《中国制造 2025》（国发〔2015〕28 号）将发展重点放在新一代信息技术、新材料、精装备等新兴领域，调动政府、高校、企业等各类资源，加快我国产业向“高精尖”方向发展。2018 年工业和信息化部和发展改革委联合发布的《扩大和升级信息消费三年行动计划

（2018—2020年）》（工信部联信软〔2018〕140号）提出在各行各业实施“互联网+”，特别是在教育、医疗、养老等多个行业推进信息化建设，构建线上网络平台扩大信息消费。随着我国关于信息化建设和人工智能产业发展的一系列政策的发布和推进落实，云计算技术、大数据应用技术、人工智能技术等新兴技术成为技术热点，不断应用于我国的生产、生活、教育等各领域，为我国各行各业高质量发展提供有力支持，软件产业服务化、平台化、融合化趋势更加明显。

随着软件技术的飞速发展，与其他行业的融合越来越默契，软件信息技术已渗透进各行各业的信息化、智能化建设中，软件信息技术为其他行业提质加速的作用也越来越卓越。软件信息技术与其他行业的融合也催生了移动电子商务、智能物流、智慧医疗等新兴产业。软件信息技术助力我国制造业向智能化、绿色化、高质量化发展，信息技术与制造业深入融合，也为大数据技术、人工智能技术、云计算平台、区块链技术等技术的发展提供了广阔的舞台和丰富的应用场景。

根据以上对于软件行业热点和新兴技术的分析可知，软件技术与应用专业群建设的方向和重点就是技术与行业的综合应用。因此，高等职业院校软件技术与应用专业群建设时，应将行业企业中的新知识新技术引入教学内容中，教学资料的制作也要融入这些新技术新规范，这样建设的软件技术与应用专业群培养的人才才能满足行业的要求。

2. 引入软件行业标准，规范软件技术知识技能体系

考虑到国内外的形势以及软件技术的不断发展，软件国产化势在必行。目前，国家要求建设特色示范软件学院，关注国家软件产业发展重点，如关键基础软件、大型工业软件、行业应用软件、新型平台软件、嵌入式软件等，在我国高等普通学校和高等职业学校中评选一批特色化示范性软件学院，为国家重点发展的软件产业领域培养更多特色化的软件技术人才，同时，加深关键技术的研究，争取取得突破。在构建软件产业生态、提升国民软件技术素质等方面，特色化示范性软件学院应做出应有的贡献。

在这个大背景下，建设软件技术与应用专业群的教材时，就必须要引入国产软件的建设标准，针对不同领域的新技术和特点，研究其软件开发技术和内容，将这些都融入教材建设当中，让学生的技术技能和综合素质能够符合当下软件企业发展的要求。

3. 善于改革创新，拓展建设全新专业学科领域

软件技术与应用专业群以及专业群教材开发是一个动态发展的过程，需要随着行业软件技术的发展进行改革和创新。软件技术与应用专业群从发展定位、培养目标、培养模式、专业方向和就业方向来看，与软件产业联系还是非常紧密的，就业情况较好，职业发展前景也很清晰。因此，在进行教材建的设过程中，要善于总结历年来软件技术专业发展的特点，不断总结和归纳、创新，综合考虑软件行业岗位的需求和地方产业的调整方向，探索建设新的专业，为社会产业发展培养复合型软件技术人才。

5.6 打造产教融合实习实训基地

高等职业院校的办学宗旨就是培养高素质技术技能人才，高职教育不仅要培养学生的知识学识，还要培养学生实践动手能力。培养学生实践动手能力的前提是，高职院校建设与真实工作环境一致的实验实训环境。高职院校教学的内容多是以实际项目加理论知识的模式组织的，因此需要学生在实践环境中动手练习，才能让学生真正理解教学的内容。高职院校在建设实训场所时，要尽量与真实的工作环境保持一致，但实训场所始终是一个教学场所，所以还是要满足教学需要。高职教育不是简单的技术培训，而是要培养全面发展的技术技能人才，因此在高职院校教育活动中就不仅仅要教授对应工作岗位的技能，还要培养学生在工作中的职业素养和可持续发展的能力。由此可见，实训教学对于高职学生来说十分重要，优化实训条件是非常有必要的。

5.6.1 专业群实训条件需求

2011 年教育部发布的《关于推进中等和高等职业教育协调发展的指导意见》（教职成〔2011〕9 号）指出“促进专业与产业对接、课程内容与职业标准对接、教学过程与生产过程对接、学历证书与职业资格证书对接、职业教育与终身学习对接”①，高职院校教育满足这 5 个对接的前提是，以专业群为主导建设教学与生产合一的实训基地，更加契合高等职业教育发展的趋势。专业群实训基地主要由两部分组成：校内实训基地和校外实训基地。

（1）校内实训基地是学生在校学习实践动手能力的场所，其建设要体现工作过程的职业化和系统化。因此，专业群建设校内实训基地不仅要考虑各个专业对应岗位主要任务、行业特色和需求等因素，还需要分析在校学生的数量、学习规律、技能迁移能力等因素，同时还需要考虑到学生在学校能够达到的不同层次、不同类别、不同岗位、不同流程的各项实践。此外，校内实训基地要站在专业群各专业的角度进行考虑，尽可能使实训基地实现最大限度的共享，发挥其利用价值，整合实训基地的资源。建设校内实训基地时，高职院校应该综合考虑实践教学体系的优化与管理制度的完善，实践教育的内涵不断加强，完善“教学做一体”的保障机制，达到教学、科研和社会服务正向循环的目的。

（2）校外实训基地是高职院校与校企合作单位一起在企业共同建设的实训实习的场所，既可以为高职院校学生提供近距离体验真实工作任务的机会，也可以让高职院校学生在就业前了解以后的工作情况。专业群与合作企业共建的校外实训基地，其运行和管理需要专门安排人员负责。往往一个校外实训基地是与多个专业合作的，不能只是满足一个专业的使用，最好是专业群共享。校外实训基地一般建设于校企合作企业中，加深校企合作项目，为可持续发展的合作机制提供保障。校外实训基地一般是服务于专业群的，在场地功能设置、设备配置与布

① 教育部关于推进中等和高等职业教育协调发展的指导意见，2011.

局等方面应考虑适用于"教学做一体化"教学模式探索创新的需求。

5.6.2 激活实训硬软件资源

高职院校的实训硬软件资源要想被激活，就要进行共建共享。那么，高职院校怎么才能建设一套科学合理的实训资源共建共享机制呢？

1. 高职院校与校企合作单位共建共享实训资源

（1）高职院校与企业共建共享实训设备。

高职院校与校企合作单位主要以"校中厂"的模式共建实训基地，实训基地运行管理都参照企业的标准来做，实训基地的指导教师由高职院校教师和企业专家联合担任。基地建设由校企共同出资或者企业提供设备与教师，此种方式会存在利益纠纷，设备管理与维护也会成为问题，需要尽可能避免这些问题的出现。有的校企共建实训基地企业只是提供实训设施，企业通过这种方式扩大自己产品的使用群体，这类实训基地一般使用率较低，不具有普遍性。目前，高职院校和校企合作单位共建共享实训设备的模式需要不断实践完善。

（2）高职院校之间共享实训软硬件资源。

目前来看，高职院校之间的这种资源共享还是开展得很少，大部分院校都是各自投入建设，很少与其他高校共享。其实地区政府可以整体规划，将学校根据不同领域进行分类划分建设实训基地，实现资源的配置与共享，这样可以将建设好的基地与资源利用最大化。

（3）高职院校实训资源与社会服务的共建共享。

现在很多高职院校会承接社会上的考证考试或者社会培训的项目，为他们提供场地、服务等。这对于社会上的各个机构来说是非常便利的，但是学校只能在假期承接此类项目，平时要满足正常教学活动，其实，学校可以每年在安排好校内的各项使用事项之后，将空置的场地与时间罗列出一个清单，对外进行公布，承接相应的项目与活动，将实训资源实现共享。

2. 高职院校内各专业群共建共享实训资源

（1）实训资源建设资金来源。

目前，主要是国家及省级“双高”院校、中央财政对高职院校有资金投入。2019年教育部、财政部印发《关于实施中国特色高水平高职学校和专业建设计划的意见》（教职成〔2019〕5 号），对实施中国特色高水平高职学校和专业建设计划（简称“双高计划”）提出了“围绕办好新时代职业教育的新要求，集中力量建设50所左右高水平高职学校和150个左右高水平专业群，打造技术技能人才培养高地和技术技能创新服务平台，支撑国家重点产业、区域支柱产业发展，引领新时代职业教育实现高质量发展[①]。”“双高计划”每 5 年为一个建设周期，2019 年《关于实施中国特色高水平高职学校和专业建设计划的意见》提出时开始了第一个双高建设周期。与高等普通教育的“双一流”建设工程对应，“双高计划”是我国高等职业教育高质量发展建设工程。有国家政策支持，高职院校有足够的资金用于建设实训资源。

（2）校内实训资源的管理运行模式。

当下，高等职业院校内的实训资源管理一般使用二级管理制，所谓二级管理制是指将实训资源的管理权限交给各二级学院或者系部，并非是全校统一进行资源管理。采用二级管理制度，部分实训资源充足的二级学院或者系部会造成资源空闲的情况，反之部分二级学院或者系部可能缺少资源。为了合理地整合校内实训资源，高职院校应该制定一个科学合理的实训资源管理运行制度，保证实训资源的合理利用。

根据以上分析，高职院院校建设高共享实训资源有“双高计划”政策的资金支持，因此经费是有保障的。但是建成之后的管理和运行需要学校制定合理的管理制度，使实训资源得到充分利用。

---

① 教育部，财政部. 关于实施中国特色高水平高职学校和专业建设计划的意见，2019.

5.7 深化校企合作

中国共产党第十九次全国代表大会报告指出“完善职业教育和培训体系，深化产教融合、校企合作[①]”。高职院校要通过深化产教融合、积极对接专业相关企业的方式，健全学校的教育体系。

2017 年国务院发布《关于深化产教融合的若干意见》（国办发〔2017〕95 号），明确了我国职业教育今后应该走什么样的路；2018 年教育部等六部门联合印发的《职业学校校企合作促进办法》（教职成〔2018〕1 号）为职业教育提供了校企合作保障政策。通过国家的一系列政策，我国职业教育已经构成了一个完整的“产教融合、校企合作”的发展链，这也将不断推进我国职业教育一路向好发展，职业教育服务社会经济发展能力更强。职业教育与普通教育一样是一种教育类型，为受教育者提供更多选择机会，促进社会公平发展。为了体现职业教育的“职业”二字，职教学校就应该积极参与校企合作，做到产教融合，以更加真实的场景培养学生的职业素质与技能。

5.7.1 深入校企合作，加速产教融合

中国能够发展成世界唯一的工业门类齐全国家，是大量技术技能人才同心协力建设的结果，这也让中国在国际上拥有更多的话语权。中国职业教育经过 40 年的发展，为国家培养了一代又一代技术技能人才，为我国工业化体系转型升级提供了不可磨灭的重要支撑作用。深化产教融合发展模式，促进校企合作，培养素质出众、技能出众、道德出众的新型人才具有深远的意义。

“产教融合”为我国职业教育发展指明方向，是我国职业教育人才培养方案

---

① 习近平：决胜全面建成小康社会 夺取新时代中国特色社会主义伟大胜利——在中国共产党第十九次全国代表大会上的报告，2017.

能够服务社会经济发展的根本，统筹推进我国教育类型改革。职业教育的高质量发展离不开“产教融合、校企合作”，要建成中国特色高水平高职学校必须遵循这一原则。“产教融合、校企合作”这一理论的深入实践，也为职业教育搭建了更加广阔的舞台。职业教育不断深入产教融合的实践和研究，在各行业已形成“专业群一产业群、技术链一产业链”的发展逻辑，为服务国家战略提供了更有力的支撑。

“产教融合”的实践成果在全国遍地开花，已有一批成功的经验为后来者提供参考。比如浙江温州几年前将职业学校建到产业园里，先从地理上拉近学校与产业的距离，更加方便校企合作；同时，将各特色专业落户到特色小镇上，将专业建在产业上，强化专业特色，为打造中国特色高水平专业打下坚实基础。鼓励高职学校围绕地方产业需求制定培养方向，依据产业生产实际制定教学内容，比如湖南株洲的汽车职业院校的培养方向就是依据当地汽车产业生产的汽车品牌来定的，保证学生技术技能与产业技术的适配度。此外，湖南株洲还制定政策鼓励职业学校和企业积极参与到校企合作中来，在学校内、企业里建设实训实习基地，给学生更多参与生产实践的机会。

虽然全国已有很多校企合作的案例，但企业毕竟是一个生产经营组织，如果缺乏对企业的激励和保障机制，企业参与产教融合的积极性就很难调动。高职院校与企业合作的过程中要紧密联系在一起形成利益共同体，高职院校为企业提供源源不断的人力资源，企业为高职院校培养人才提供技术和实践指导，学校和企业也可以共同合作科研项目，不断提高双方的竞争实力。

5.7.2 发挥职教集团等组织作用

职业院校牵头和校企合作单位一起组建的教育团体称为职教集团，通过组织的方式推进“产教融合、校企合作”，职教集团的活动和项目建设一般由牵头的职业院校来组织和承办。但是目前这种合作模式还存在以下问题：

首先，目前校企合作主要体现在课程建设、顶岗实习、实训实习基地建设、技术培训与研发等方面，但是很多合作项目企业参与较少，甚至存在企业仅是挂名的情况，校企合作不深入。因此要发挥职教集团的组织作用，促使学校和企业进行实质的合作，共建共享产教融合的成果。

其次，职教集团组织建设的项目有特色专业建设、课程资源建设、中职到高职的衔接等，但是，这种合作只有少数企业与牵头职业院校参与，建设内容不一定能够适应整个行业的需求，具有一定的局限性。而且，企业之间存在竞争关系，共建共享资源存在一定难度，合作成果转化效益较低。需要充分发挥职教集团的引领和推动作用，带动集团内各高校、企业之间的资源共享与成果转化。

最后，职教集团不具备法人资格，很多集团内的单位刚开始的时候热情很高，积极参与各项活动，但是时间一长，若没有利益相关的单位，大多对集团没有贡献度，作用发挥也越来越弱，需要逐步健全职教集团的组织运行制度。

针对以上这些问题，如何发挥职教集团等组织的作用呢？笔者有以下几个建议。

1. 明确职教集团的定位和功能

职教集团是职业院校和校企合作单位一起组建的，服务经济发展，实现资源共建共享的组织，是“校企合作”的一种模式。但是，部分参与到职教集团的学校和企业并不是为了更好的职业教育，而是为了提高自身声誉，为今后获得更多政府政策的支持打基础。在教育集团各类项目建设时，各方并没有做到“拧成一股绳、劲往一处使”。因此，职教集团要明确自身定位和功能，集团内各方要明确目标、团结协作，为职教集团持续向好发展提供保障。

2. 充分发挥行业协会的组织作用

行业协会是全国或区域内同类型企业之间沟通信息、协调服务的社会中介组织，可以为产教融合在行业层面提供支撑。职业院校始终是从事教育事业的，对于行业企业的运行始终是门外汉。行业协会清楚整个行业的发展方向、技术路线和人才需求情况。由教育部推动组建的各行业教学指导委员会，组织制定的教学标准、开发编写的教材等，专业性、普及性都很高，学校和教师比较认可，成果辐射作用比较明显[①]。目前组建的职教集团和社会上的行业协会存在功能定位重复的情况，职业教育集团应寻求行业协会的协作，借助行业协会对企业的组织能力，调动企业参与到职教建设的积极性。

3. 建立健全职教集团的运行机制

目前，我国大部分职教集团没有专职人员负责集团的运行，基本是牵头职业学校工作人员兼职处理相关事务。集团例会、项目推进会等事务处理流程还不完善。这些都可能导致职教集团工作推进缓慢，成效较低。因此，要办好职教集团，就应该设置专职工作人员，并制定一套相对完善的工作运行机制。专职工作人员才能集中精力干事，完善的工作运行机制才能保证事务的有效推进。

5.7.3 探索产教融合新方式

高职院校深入实践“产教融合、校企合作”的办学模式，与地方企业一起形成“专业群－产业群、技术链－产业链”的发展逻辑，推动中国特色高水平高职院校和专业的建设，培养更多的高水平技术技能人才，更好地服务区域经济高质量发展。

校企合作是产教融合的基础，产教融合是校企合作的成果体现。职业院校通过与企业合作，将生产活动、职业道德与素质、技术技能融入教学活动，形成产业与教育融合一体的教育模式。

但在我国推进产教融合办学模式的过程中，也暴露了其中的现实问题，因此需要探索产教融合新模式，形成校企命运共同体，从多个方面深入实现产教融合。

1. 推进校企双方利益融合，建立长效合作机制

“产教融合、校企合作”的宗旨是推进职业学校与相关企业共建共享职教资

① 袁晓文．关于职教集团发展建设的几点思考[J]．现代职业教育，2018（14）：1.

源，为职业学校提供优质的教育基础，为企业提供更高质量的技术技能人才，实现双赢的利益共同体。双赢的效益可以让学校和企业的合作从以前的感情维系到利益维系，合作关系更加稳固。在校企合作关系中，职业院校的述求是能够清楚地知道行业发展方向和技术路线，改革人才培养方法，调整和完善人才培养方案，培养行业需要的高素质技术技能人才；同时，学校教师可以到合作企业中调研实习，完成由普通高职教师向双师型教师的转变，高职学校的师资力量得以加强。企业的述求是能够招聘更多高素质员工，助力企业高质量发展，获得更多的利润。企业参与到职业教育活动中，可以依据自身需求培养人才，降低企业自己培养人才的成本；同时，企业参与到教育活动中，可以树立良好的形象，从而获取更多政策支持；学校是科研的中坚力量，企业与学校合作可以有更好的科研环境，有利于新技术、新产品的研发，提高核心竞争力。因此，“产教融合”要建立学校和企业命运共同体，打造双方协同发展、共享共赢的发展局面，更好地服务区域经济发展。

2. 推进校企制度融合，为学生职业发展做准备

职业学校对校内学生的管理制度主要是指考试规则、学生守则、校纪校规等等规范学生在校学习和生活的规范性文件。企业对在职员工的管理制度主要是指工作范围、工作程序、工作职权、工作责任等保障企业运行获利的规定。科学合理的企业管理制度可以让企业有条不紊地向好发展，并且在职员工不仅能够获得工作报酬，还能够实现个人成长，是企业和员工共同的保障。学校的制度主要是规范学生的行为，企业的制度主要是划分员工的职责，二者的差别还是很大的。推进学校和企业制度融合，就要求学校在传授知识的工程中，培养学生的责任意识、合作意识，让学生对企业制度有所了解。优秀的企业制度也可以增强学生对企业的认可度，提高企业对人才的吸引力。

3. 推进校企文化融合，为培养高素质人才奠定基础

高职学校文化是指学校从建校以来经过历代教师和学生的教育教学活动，沉

淀下来的全校师生的价值观、精神追求、行为准则等内容的集合，学校文化的重点体现在校训中，集中体现了整个学校的价值追求。企业文化是指企业从建立以来经过历任员工生成经验总结而来的文化理念，主要包括企业精神、企业责任、企业价值追求等内容的集合。深入的“产教融合”需要学校和企业的文化融合，在校企合作的价值追求和理念方面达成一致，才能长久稳定地合作下去。学校在培养学生理论知识和实践能力环节，特别是在实践环节可以融入企业的文化，培养学生的职业道德，为就业打下基础。企业吸收学校文化，可以打开员工思维，让员工能够有一个完整的知识体系。学校和企业融入对方文化理念，可以为培养高素质人才奠定基础。

4. 推进校企技术融合，实现教育价值和经济社会价值

学校的技术研究成果多是以理论成果的形式展现，如学术论文、专业著作、专利、科技奖项等形式。但是，企业是生产经营单位，其技术研究成果主要是以降低生产成本、提高经济利润为目的的创新实践成果。“产教融合、校企合作”让学校和企业合作进行技术研究，学校教师可以时刻掌握行业发展方向和技术路线，企业借助学校师生的学术力量进行新技术、新产品的研发和成果的转换。技术是随着社会需求不断发展变化的，因此学校专业教学内容也需要随着技术的改变不断调整。学校与企业合作之后，在专业设置、课程标准、教学内容等方面都可以根据企业的专业意见和市场需求进行调整，这也更利于学校打造符合市场需求的特色专业。同时，将学校的理论成果与企业的实践成果结合起来，进行成果转化，实现校企成果价值最大化。

5. 推进校企资源融合，夯实校企合作物质基础

学校和企业资源的融合，资源共建共享，有利于稳固校企合作关系。教学的软硬件资源的好坏是影响办学效果的主要因素之一，也是学校教学实力的体现。学校与企业合作建设实训实习基地，有利于使实训环境与行业企业实际场景保持一致；企业参与投资也可以提高实训基地的服务水平。实训实习基地不仅可以用

于实践教学，也可以作为科研场所、员工培训与技能鉴定的场所，学校和企业共同使用，提高实训基地的共享度和利用率。对于学生可以更加方便地参与到生产实际中，有利于更加牢固地掌握技术技能；对于企业员工，也可以有更多成长学习的机会。

6. 推进校企人员融合，提高师生和员工职业素养

学校教师和企业员工进行互聘，学校聘任企业专家来校担任教师，完成部分课程的教学工作；企业聘任学校教师承担部分实际工作任务。学校和企业合作制定学生的人才培养方案和员工的继续培训方案，企业为学生实习提供条件，学校为企业员工培训提供课程，相互服务。校企合作组织技能竞赛，以竞赛形式促进学生学习，检验学生学习情况；也可以根据企业岗位需求，实施学徒制、订单制合作培养，学生从企业获得实践指导，双方共同推动对学生教育的融合。

5.8 构建技术技能协同创新平台

构建技术技能协同创新平台，强化科技服务。我国高等职业教育这几十年随着一系列政策的支持，实现了跨越式发展，社会地位有所提高。但是，在传统“五唯”理念的影响下，高职院校依然是高考失利学生无奈的选择，这也制约着我国高职院校的发展。虽然高职院校和普通高等学校属于同一层次的不同教育类型，但是却很难得到同样的认可度。为了能够改变这一现状，我国高职教育可以多学习国外成功的职业教育理念，强化人才培养质量意识和办学特色，强化高职院校的科学技术服务能力，也是一条优选道路。

高职院校凭借其天然对接产业的优势，在科技服务这个过程中充当着有力的中转站。高等职业学校培养的技术技能人才，在就业创业方面也具有实践优势。高职院校对于原始创新中的转化应用、对于集成创新的团结合作、对于扩散创新

的消化吸收有独特优势[①]。因此，高等职业院校要强化科学技术服务发展的理念，发挥学校的科学技术中转站作用。

5.8.1 打造科技创新团队，服务区域产业技术发展

随着信息技术的飞速发展，我国社会经济发展也进入了快车道，高职院校作为科学技术研究的主力军之一，打造科技创新团队刻不容缓。科技创新团队不仅要发挥其示范引领作用，带动学校教师积极参与到科研项目中来，推动创新成果向应用成果的转化，使得学校科研工作欣欣向荣发展；还要发挥其技术服务作用，为区域产业技术发展贡献力量，提高学校的知识成果贡献度。

高等职业院校打造科技创新团队时，还要制定科学的选拔制度、管理制度和保障制度，建好建精一支科技创新队伍，保证打造的科技创新队伍能够发挥最大的价值，更好地服务一方社会经济的发展和科学技术的进步。

1. 丰富科技创新团队模式

高等职业院校打造科技创新团队时，一般采取“老中青”的组团方式，这也是一种比较成熟的模式。但是，“老中青”组建科技创新团队的方式也存在一些不足，比如，如果团队成员无法完成“传帮带”的能力传承，要是经验丰富、学识扎实的老教师退出团队，那么科技创新团队可能会难以为继。所以，高等职业院校在打造科技创新团队时，要关注“老中青”的组团方式运行的问题，采用多样化的组团方式、探索科学合理运行模式，保持科技创新团队的发展活力。科技创新团队中除了“传帮带”式的能力传承，还可以进行梯队建设，增加科技人才储备；也可以发挥专业群的优势，多专业多领域人才共建创新团队。除了校内教师以外，还可以引入合作企业技术专家，采用校企合作组队的模式建设科技创新团队。

① 熊惠平．总部经济的“基地+基地”模式研究——以先进制造业高技能人才培养为例[J]．职教论坛，2007（3）：21-23．

2. 构建完善的团队建设机制

为了保障高等职业院校科技创新团队的建设成效，提高团队科技成果转化的能力和服务地方经济的能力，高等职业院校应该建立健全科技创新团队的建设机制。首先，高等职业院校要采用科学合理的团队管理机制，不仅要选出合适的带头人，还要重点培养一批技术核心成员。其次，高等职业院校要制定全方位的保障机制，保证团队能够持续向好发展。最后，高等职业院校还应该制定合理的奖惩机制，对于表现优异的团队或个人给予奖励，对于消极参与工作的团队或个人减少或不给予后续支持。

3. 促进科研成果快速转化

高等职业院校科技创新团队的研究成果，不仅要以论文、专利、著作等方式展现，还要能够将其进行科技成果转化，将理论成果转化为能够支持生产发展的实践成果，这样才能真正服务区域经济的发展，鼓舞研究人员的信心。首先，高等职业院校应该积极展示最新的科技创新成果，与企业对接完成成果转化，为企业生产经营赋能；其次，高等职业院校还要增强成果的保护力度，及时申请专利、软件著作权等。

综上，高职院校建设好了科技创新团队，才能够更好地服务区域产业技术发展。

5.8.2 打造产教融合创新平台，助力区域社会经济发展

创新产教融合实训实习基地“合作共治”运营模式，充分发挥其教育和实训的功能，面向技术技能人才紧缺行业，“行企园所校”共建一批与企业真实工作环境一致，既可以提供实践教学，也可以进行社会培训的产教融合实训实习基地，市场化运作，高水平开展职业培训，助力区域社会经济发展。

首先，高职院校遵循“合作育人、合作发展、合作共建”的原则，与企业一起制定合作的规则和章程，明确学校和企业各方的权力、责任和义务，让校

企合作工作有条不紊地进行。使学校和企业成为真正的共同体，以便于校企双方能够既有高度又有深度地顺利开展活动和项目，让当地社会经济发展结出丰硕的果实。

其次，高职院校根据自身特点和合作企业的需求，找到深入合作的关键点，在人才、文化、技术等方面上相互融合。可以与不同企业合作，开展不同的合作项目，如校内实训基地、校外实习基地、兼职教师工作室等。深入的校企合作不仅可以快速进行技术成果转换，还可以搭建产教融合创新平台，更好地服务区域发展。

最后，高职院校和合作企业一起探索人才培养新模式，根据区域社会经济发展情况、企业技术发展情况和学校教学软硬件情况，调整教育教学内容，制定与社会岗位需求一致的人才培养方案。

5.8.3 打造技术技能研发平台，聚力国家重点行业和支柱产业发展

科技随着社会的发展而不断进步，而技术技能的不断革新是科学技术能够保持快速发展的内在动力，也是企业发展运行的源泉活水。高等职业教育院校应该将技术技能革新这一关键因素贯穿到人才培养各个阶段。

高职教育在教育教学中，要为职业院校学生提供专业技术技能学习的平台，同时也要提供专业技术技能创新的舞台，鼓励学生踊跃参加各类技术技能实践活动，对专业理论知识理解掌握加深的同时，还可以学习到课堂之外的新技术、新规范、新方向。

高等职业院校要不断深化和政府、行业、企业的合作交流，打造产教融合平台，展现自身专业特色的同时，为地方经济发展和经济升级转型提供科学技术研发、人才培养、创新创业服务；依托专业群建设，打造技术技能创新研发平台，为专业相关行业和地方支柱产业提供产品开发、工艺革新、技术培训与推广等服务。

5.9 拓展国际交流与合作

自2019年我国提出“双高计划”以来，高职院校需把国际化建设作为新目标，不断加强对外交流与对外合作。现如今，要朝着以下几个目标前进。

一是，高等职业院校要把握“一带一路”倡议带来的机遇和挑战，主动承担责任，科学规划发展路径，适应国际化进程的需要，在服务国家战略的同时提升自身国际化水平。

二是，高等职业院校要踊跃参与到国际各个领域的竞争中，把握世界新规范，展现中国职教实力与特色，争取我国职教在国际竞争中的主动权。

三是，高等职业院校要将发展国际化作为一项重点工作，制定相关政策制度，积极参与到对外交流、合作办学等工作中，全面提升自身综合办学水平。

四是，高等职业院校专业建设要走出去引进来，就必须先得到国际的认可。因此，高职院校要按照国际认可的标准，打造国内国际认可的专业群。

5.9.1 以点带面，提高专业群国际影响力

以重庆电子工程职业学院为例，该校在双高建设期间，依托通信工业协会国际产教协同联盟，成立信息安全技术应用专业群国际化课程资源开发与标准研制小组，通过组织“一带一路”信息技术应用国际技能大赛等多种形式，与“一带一路”沿线国家教育机构及国内外知名企业开展深入合作，开发适合当地国情、文化背景和语言环境的专业群国际化课程标准和资源，推广具有学校特色的职业教育课程建设经验。

该校创新校企协同开发专业标准的联动机制，构建课程体系动态调整机制，建立专业群“敏捷”化课程体系，便是实现了以点带面，增强专业群的国际影响力。

5.9.2 挖掘国际化资源

高等职业院校可以在如下几个方面试探如何挖掘国际化资源。

一是，高职院校可以借助于在校留学生和在校外籍教师等天然的语言资源，在校内开设“英语强化班”“小语种兴趣班”，提升在校师生的外语水平，为学校教育走出去奠定基础，也可以促使国际资源本土化。同时，高职院校还可以打造特色专业的国际化教学班，让在校学生享有国际化教育资源，培养具有国际化思维的高素质应用型人才，助力学校“双高建设”。依托于“一带一路”国家战略，让高职教育走出国门、走向世界。

二是，高职院校与国际合作院校开展2+1或3+0模式的联合办学，一方面送出学生留学，一方面接纳海外来校留学生；学生毕业后可获双方院校的毕业证书。通过合作，研制与专业群相适配的国际通用能力标准，开发配套课程；课程使用两种语言进行教学，提高师生外语水平；选派语言过关、能力较强的教师参与校际交流，推广学校成果和经验；增强学生国际化意识，提升对外沟通的能力。

三是，高职院校与涉外企业合作，组建“一带一路”互助共生发展共同体，依托世界技能大赛的设备支持商的条件，与企业一道，服务业务扩展，建立国际交流与职业教育培训中心，在海外建设相应的实习实训基地，建立鲁班工坊等。开发职业教育国际标准，开展对外学生技能培训或技术人员进修，与企业共同开发世界技能大赛标准，开发相关培训资源，提升培训质量；在校企合作发展共同体框架内，协助举办“一带一路”国际技能大赛，提升在世界上影响力，携手企业一起发展壮大，形成“一带一路”互助共生发展共同体。

5.10 构建可持续发展保障机制

构建“双高计划”背景下的专业群可持续发展保障机制可以从以下几点着手：

一是，建立与完善组织管理机制。

二是，建立与完善评价机制。

三是，建立与完善资源保障机制。

四是，建立与完善信息反馈机制。

五是，建立与完善保障机制运行。

第三篇 “高水平”专业群评价机制

第6章 “双高计划”遴选评价指标

2019年教育部、财政部联合印发的《中国特色高水平高职学校和专业建设计划项目遴选管理办法（试行）》（教职成〔2019〕8号）指出“双高计划”的遴选原则：“坚持质量为先、改革导向、扶优扶强，面向独立设置的专科高职学校（包括社会力量举办的专科高职学校），分高水平学校和高水平专业群两类布局。在高职学校年生均财政拨款水平达到国家统一要求且逐年增长的前提下，对职业教育发展环境好、重点工作推进有力、改革成效明显、‘双高计划’政策资金保障力度大的省份予以倾斜支持。[①]”

6.1 办学条件

学校办学条件高于专科高职学校设置标准，数字校园基础设施高于《职业院校数字校园建设规范》（教职成函〔2020〕3号）标准。[②]

首先，综合实力要突出。学校的性质是属于政府举办还是民企举办，学校的历年荣誉、建校历史、学校的教育基础条件等都很重要。学校目前办校实力如何，譬如占地面积大小、校舍建筑面积、全日制在校生人数、固定资产等。对照“双

① 中国特色高水平高职学校和专业建设计划项目遴选管理办法（试行），2019.

② 中国特色高水平高职学校和专业建设计划项目遴选管理办法（试行），2019.

高计划”项目遴选办法，学校得符合相应的条件。

其次，战略区位要明确。学校对于地方区位的影响是很大的，区位对于学校的发展也是影响非常大的。譬如重庆电子工程职业学院位于重庆高新区和重庆科学城“智核区”，紧邻中国（重庆）自由贸易试验区、重庆西永微电子产业园、西部现代物流园，产教融合、科教并进的背景极为深厚，而重庆是西部大开发重要战略支点，“一带一路”和长江经济带联结点，重庆正在打造内陆开放高地、山青水秀美丽之地，努力推动高质量发展、创造高品质生活。这就为学校未来发展提供了独特的区位优势。

学校社会声誉要良好。学校的招生规模、录取分数、入学报到率等都是考察内容之一。学校是否受学生欢迎，学校是否在第三方机构排名中位列全国高职院校前列，综合排名和学科竞赛排名是否靠前。这些内容是考察学校在外声誉的要点，学校在办学过程中要注重收集相关数据和佐证，为未来进行高水平单位建设打下坚实的基础。

6.3 专业规模

专业是体现一个学校办学实力最直接的体现，也是学校的核心。专业特色是否鲜明，是学校存活下去的重要力量。一般情况下，学校的专业规模需要由几大特色专业统领办学，比如电子信息类的学校，电子信息类的专业一定要有几个特色专业，然后辐射其他相关专业，带动整个专业群发展。特色专业需要具备以下特征：

一是专业规范，建设目标明确，校企合作紧密，成效明显；标准制定以市场需求为导向，专业标准具体明确，与行业、企业技术标准及国际通行的职业资格标准相吻合；人才培养目标要符合我国经济社会发展要求，培养规格定位准确，方案体现工学结合、校企合作、顶岗实习等人才培养模式和全面推进素质教育要求。

二是师资队伍，首先是师资结构要合理，素质要优良，高水平高级职称的教师比例要达标，生师比达到16:1。其次是师资质量方面，注重教师培养培训，教科研水平、技术服务水平较高，在行业内具有较高声誉。

三是教学条件，包括专项经费投入增长情况，是否近5年持续增长，经费是否充足，实践教学条件软硬件是否满足教学需求。

四是课程建设，教学内容与课程体系改革力度大、成效要显著，教材建设质量高，教学方法与教学手段能够突出学生的主体地位，做到因材施教，充分运用信息技术手段推进现代化教学方法与手段改革。积极开展合作办学，引进优质教育资源，服务国家“走出去”战略，教学管理制度健全，手段先进，执行严格。教学管理改革力度大、效果好。

五是教学资源建设丰富、先进，教学资源充分反映专业发展趋势与建设水平，致力于教学改革，在专业标准、课程标准、教学内容、教学方法、实践教学等方面具有优势和特色。网络教学资源合理、易用、可拓展，能够广泛共享资源。

六是培养质量与社会声誉方面，学生思想道德素养和文化素质水平较高，具有较好的专业知识和基本技能；学生职业技能考核与社会事业资格证书接轨，积极参与社会实践与顶岗实习；社会声誉高，毕业生普遍受到用人单位好评，毕业生创业率高，参加各类职业技能竞赛成绩显著。

七是专业文化成熟，涵盖了师生专业行为习惯养成、规章制度、师资培养工程导入、实训基地建设、校企合作推进等方面。专业文化建设能够引领专业发展，促进产学研结合，善于充分利用社会资源为专业建设服务。

八是社会服务能力强，积极开展技能培训、技术服务等。专业建设成果示范辐射作用成效显著，在国内有较大影响。

九是专业所具备的特色要明显。在长期办学过程中积淀、创新而成，与国内其他学校同类专业相比的优势与特色，主要体现在现代职业教育体系建设、高职办学理念、办学思路、专业与产业对接、校企合作、工学结合人才培养模式改革、产学研结合服务区域经济发展方面。

鉴于以上这些特色专业要点，各个学校可以对标梳理专业特色与成果。

6.2 已有基础

已有基础这一块主要考察学校前期育人成效。学校要从育人理念、育人方法、教学改革、运行机制等方面着手梳理已有成果。譬如重庆电子工程职业学院凝练出了“十用十不用”“三通三让”“四集四提”“让思政课程为专业教学出彩加油”等核心育人理念方法，创新实施了“2+3+X+N”课程思政示范课和专业思政示范点教改示范项目，建立起“党委引领、行政施行、团学跟进，宣传督导、教务总牵、院系落地、质量诊改，教师协同、教改推动、职评激励”的十步思政改革运行机制，全面推进“大思政”三全育人改革，重点突破、整体提升立德树人教育教学水平和质量。同时，学校还率先提出了“技术技能教育的英才育人”理念，创新实施了“卓越技术技能人才培养计划”“工匠工坊支持计划”“星光大道奖励计划”，给在校学生个性化成长提供舞台，重点培育能工巧匠、大国工匠。要想建设“双高”院校，一定得从这些方面布局，采取相应措施，提升办学成效。

6.4 专业相关性指标

专业相关性指标主要是对标特色专业建设内容，然后整理出学校历年来的重要成果，国家级成果优先，成果分类明显，包含人才类、学生成果类、师资成果类。譬如重庆电子工程职业学院在梳理相关性指标时，从学校各个层面体现了重大、重点成果。学校是否打造了高水平团队和领军人才。学校现有教职工人数，其中博士研究生人数、正高级职称人数有多少，引进院士人数有多少，国家“万人计划"教学名师、国务院政府特殊津贴获得者等省部级杰出人才有多少人，国家级教学团队或者技能大师工作室有多少个，教师技能竞赛获国家级奖项有多少项等，这些指标都非常关键。

6.5 对外合作情况

校企合作办学是考察指标之一，学校对于区域经济的发展和支持关系到地方发展，学校的专业群是否与地方产业集群对接是关键。在这一方面，重庆电子工程职业学院在组建联盟、校企合作开办产业学院、中外合作办学等方面起到了很好的示范带头作用。该校牵头组建"重庆电子信息职教集团""长江经济带产教融合发展联盟"，率先发起成立"成渝地区双城经济圈产教融合发展联盟"，对接专业群建有"中国通信工业协会信息安全与云计算校企联盟"等 9 个校企联盟以及"重电一华为 ICT 学院"等 14 个产业学院。学校是教育部"中德职业教育汽车机电合作 SGAVE 项目"示范学校，与澳大利亚、加拿大等高校开展中外合作办学；面向 10 个国家招收来华学习留学生；推动"中文+职业技能"国际项目，承担中国教育部和重庆市教育援外项目；积极参与共建"一带一路"教育行动；牵头成立中非（重庆）职业教育联盟，整合优质资源，为中国职业院校赴非洲国家开展国际合作搭建平台、整合资源、提供服务。

6.6 已有标志性成果

按照双高计划遴选指标要求所示，参加遴选的高职院校需要在以下 9 项标志性成果中至少完成 5 项，表 6.1 所列是重庆电子工程职业学院 9 项标志性成果完成情况。

表 6.1 重庆电子工程职业学院 9 项标志性成果完成情况

序号	标志性成果	重庆电子工程职业学院完成情况
1	近两届获得过国家级教学成果奖励（第一完成单位）	已完成
2	主持国家级职业教育专业教学资源库立项项目且应用效果好	已完成
3	承担国家级教育教学改革试点且成效明显（仅包括现代学徒制试点、"三全育人"综合改革试点、教学工作诊断与改进工作试点、定向培养士官试点）	已完成
4	有国家级重点专业（仅包括国家示范、骨干高职学校支持的重点专业）	已完成
5	近五年学校就业工作被评为全国就业创业典型（仅包括全国毕业生就业典型经验高校、创新创业典型经验高校、创新创业教育改革示范高校）	已完成
6	近五年学生在国家级及以上竞赛中获得过奖励（仅包括世界技能大赛、全国职业院校技能大赛、中国"互联网+"大学生创新创业大赛、"挑战杯"全国大学生课外学术科技作品竞赛和中国大学生创业计划竞赛）	已完成
7	教师获得过国家级奖励（仅包括"万人计划"教学名师、全国高校黄大年式团队、全国职业院校教学能力比赛获奖）	已完成
8	建立校级竞赛制度，近五年承办过全国职业院校技能大赛	已完成
9	建立校级质量年报制度，近五年连续发布《高等职业院校质量年度报告》且未有负面行为被通报	已完成

根据以上情况来看，要想申报双高院校，那一定得从以上这些基础之上找突破口，如果连至少要求的 5 项都没有完成或者达标，那么是很难进入双高计划的。

第 7 章　专业群建设评价体系

2006 年教育部发布的《关于全面提高高等职业教育教学质量的若干意见》（教高〔2006〕16 号）中对高职院校提出“要根据市场需求与专业设置情况，建立以重点专业为龙头、相关专业为支撑的专业群，辐射服务面向的区域、行业、企业和农村，增强学生的就业能力[①]”的指导意见。各省高等职业院校积极响应文件要求，根据自身办学特色和当地产业发展需求，围绕学校重点专业打造特色专业群。依托于专业群建设，高职院校的专业结构得到优化、专业竞争力得到增强、学校办学水平也进一步提高。但是，对于专业群建设成果如何评价，国家与教育主管部门还没有给出评价标准，相关的研究也比较少。因此，专业群建设评价体系的开展，是推动高等职业教育专业群科学建设、规范管理的重要保障。

7.1　专业群定位

高等职业院校要准确把握专业群培养技术技能人才、服务社会经济发展、研发新技术的功能定位，做好专业群建设的顶层设计和统筹规划，推进职业教育向类型教育发展，确保建好中国特色高水平专业群。从人才培养方面来看，专业群培养的是全方位发展的技术技能人才，不仅培养学生的专业知识和实践技能，还要培养学生的综合素质，让学生树立正确的价值观；从社会服务方面看，专业群对接技术相关企业，提供技术咨询、应用技术研发、人才培训等服务。

专业群是根据产业群中相关岗位的技术需求，融合多个专业形成的专业集群。

① 关于全面提高高等职业教育教学质量的若干意见，2016.

专业群建设就是要建成与技术相关产业群紧密联系，顺应社会发展，不断创新变革的学科专业体系。因此，高职院校的专业群建设方向应该与产业群发展方向一致，专业群培养方案与专业群岗位需求一致，专业群研究方向应该与产业群技术革命方向一致。专业群与产业群联系紧密，共同肩负起为社会培养复合型高素质技术技能人才的社会责任。高职院校与合作企业共建专业群，深化“产教融合”，解决学生技术单一在就业时的劣势。

专业群在建设时，要准确把握行业对技术技能人才的需求，平衡好学校和企业的供需关系，确保职业人才生态圈的良性发展，促进职业教育资源进行优化配置。同时，应注意产教融合是相互促进、共同成长的，高职院校的重点仍是人才培养，这是企业无法替代的。因此，高职院校要在功利化“立竿见影”与可持续协调发展的关系上，平衡好学校的教育性和职业性。

7.2 组群逻辑

高职院校要以适应社会经济发展、满足行业人才需求为导向，以学校特色重点专业为核心，聚合多个行业相关专业协同发展组建专业群。社会发展瞬息万变，产业技术也随着社会的变化不断地更新迭代，因此专业群也不能一成不变，要与时俱进地对群内专业进行调整，不仅是专业的调整，还有课程的调整、人才培养方案的调整、运行机制的调整等。只有将与产业群技术一致的专业组合在一起，专业群才能跟上行业产业的发展步伐，高职院校才能建成社会需要、产业相符的专业群。同时，专业群建设要体现类型教育特征，平衡好社会发展和个体发展的需求，不仅要培养符合行业岗位需求的高素质技术技能人才，为中国特色社会主义事业建设提供人才；还要注意因材施教，满足每位学生成长成才的愿望。

高职院校对专业群发展要有系统性、科学性、整体性的规划，深化“产教融合、校企合作”的职业教育理念，打造融合兼容的“专业群—产业群”新生态。首先，专业群建设要明确技术相关产业群的新技术、新工艺、新规范，对标专业群的建设目标和重点内容，制定科学合理的人才培养方案。其次，专业群建设要明确学生成长成才的需求，把握人才培养规律，除了通用型课程之外，还应该开发出更多共享型课程，研制精细化、定制化的微课程组，供学生选学以满足学生个性化学习需求；并且学校应该调整现有人才质量评价体系，使学生得到科学合理的评价。最后，专业群建设还要明确自身内涵建设的需要，强化共享思维、整体发展的原则，指导群内各专业不断实践和优化人才培养模式，提高人才培养质量，以满足社会和学生的需要。

7.3 人才培养质量

7.3.1 开发新型人才培养方案

人才培养方案是学校依据自身特色、产业群对人才的需求和专业群情况，制定的培养学生综合素质和技术技能的规范性文件。科学合理的人才培养方案能够保障学校的教学质量和技术技能人才的水平。专业群的人才培养方案需要对群内各专业进行整合，做到优势互补、资源共享、协同发展，由原来培养单一专业方向的人才转向培养复合型技术技能人才。专业群的人才培养方案要体现“产教融合、校企合作”的职教理念，明确学校和合作企业在人才培养过程中应承担的责任和使命，共同参与专业群复合型技术技能人才的知识体系和核心技能的制定。专业群的人才培养方案还要对课程结构进行改革，以满足产业群内各岗位需求为指引，根据“大专业进，小专业出”的培养模式调整课程结构，设置专业群核心课程模块和专业方向课程模块。学生入学时在专业大类进行为期一年的学习，对各专业有一定了解之后，再选择具体的专业进行深入学习，为行业培养“一专多能”型人才。

高职院校在制定专业群的人才培养方案之前，需要对专业群以及对口产业群进行系统全面的调研工作，准确把握专业群的“专业知识和技能结构”，对人才培养方案进行科学严谨的规划，保证专业群的可持续发展，避免因“立竿见影”的价值取向而导致急功近利的短视行为。在制定专业群的人才培养方案的过程中，学校要明确各岗位的专业知识技能体系和职业道德规范，并且厘清产业群内各岗位之间的区别与联系，为指导专业发展和各专业之间协作提供依据。不仅关注专业群显性的知识与技能，还要分析各专业的隐性知识与技能，将它们有机地结合在一起。

7.3.2 开创人才培养新路径

专业群的人才培养模式要以培养复合型高素质技术技能人才为目标，充分体现“开放、共享、整合、生态”的特点。纵向上来看，专业群的人才培养模式要以国家人才培养的目标、学校人才培养的定位为根本，遵循职业教育的办学理念和教育方向；依据学校教师的教学方法、学生的学习习惯和企业的技术规范，探索“产教融合、校企合作”的教育模式。横向上来看，专业群的人才培养模式统筹专业群内各专业的人才培养过程，使各专业协同发展；同时，与产业群相互融合，适应产业技术发展，与学校人才培养模式动态保持步调一致，及时调整专业群人才培养模式的定位、运行方式，发展出特色鲜明、与时俱进的人才模式与办学特色。随着信息技术的普及和数字校园的建设，学校要搭建资源共享、协同育人的教育平台，为学校师生提供更加便捷的教育学习途径。

学校要调整专业群内资源共享机制，让专业群课程体系内涵更加丰富，推进人才培养质量达到产业要求标准。将职业岗位中的主要工作任务作为教学案例，以项目化教学、情景式教学等方式进行教学活动，培养学生解决实际问题的能力和“举一反三”的思维方式。将显性知识课程与隐性知识课程融合成为大课程体系，对专业群内群外的课程资源进行整合，进而形成系列化、模块化的课程群，实施“走班制”让学生根据自己兴趣选课学习，以满足学生个性化的需要。适应工业互联网革命发展方向，推动专业群与“互联网+”融合，打造以“分享智慧”为指导方向的社群学习新空间，提高学生共享学习意识，培养学生资源整合的能力，形成师生多途径互动、全方位交互学习的新模式。在教会学生技术技能的同时，培养学生的职业素养和劳动意识，增强学生的竞争实力，让学生成为一名可持续发展的技术技能人才。

7.3.3 形成专业群教育教学标准

以重庆电子工程职业学院的信息安全技术应用专业群为例，构建专业群教育教学标准，具体如下。

教学标准

一、专业群名称与代码

本专业群包含信息安全技术应用（510207）、软件技术（510203）、移动互联应用技术（510106）、大数据技术与应用（510205）和人工智能技术应用（510209）五个专业。

二、学制、学历与招生

（一）学制：基本学习年限为 3 年，弹性学习年限为 2～6 年。

（二）学历：专科。

（三）招生对象：普通高中毕业、中等职业学校毕业或具有同等学力。

（四）招生方式：统一招生、高职教育分类考试招生。

三、职业面向（表 7.1）

表 7.1 专业群职业面向情况表

所属专业大类（代码）	所属专业类（代码）	对应行业（代码）	主要职业类别（代码）	主要岗位群或技术领域举例	职业资格和职业技能等级证书举例
电子信息大类（61）	计算机类（6102）	互联网和相关服务（64）、软件和信息技术服务业（65）	计算机硬件工程技术人员（2-02-10-02） 计算机软件工程技术人员（2-02-10-03） 计算机网络工程技术人员（2-02-10-04） 信息和通信工程技术人员（2-02-10） 人工智能工程技术人员（2-02-10-09） 大数据工程技术人员（2-02-10-11） 信息通信网络维护人员（4-04-01） 信息通信网络运行管理人员（4-04-04） 计算机程序设计员（4-04-05-01） 计算机软件测试员（4-04-05-02） 计算机软件技术人员（2-02-13-02） 计算机系统分析技术人员（2-02-13-02） 其他计算机与应用工程技术人员（2-02-13-99）	信息安全产品支持工程师、网络安全运维工程师、数据安全工程师、风险评估工程师、人工智能服务工程师、人工智能算法应用工程师、人工智能产品维护工程师、人工智能产品销售工程师、大数据分析师、大数据运维工程师、数据可视化工程师、大数据技术支持工程师、网络售前技术支持工程师、网络应用开发工程师、网络系统运维工程师、软件测试工程师、软件技术支持工程师、软件开发工程师、Web 前端开发工程师、移动应用开发工程师、移动应用运维工程师、移动系统集成工程师	国家信息安全水平考试认证（NISP）、网络安全工程师、网络安全管理员、信息系统安全测评师、人社部“人工智能技术服务工”、教育部 1+X“计算机视觉应用开发”等级认证、大数据运维工程师、大数据挖掘工程师、Tableau Desktop Specialist、Cloudera 大数据管理员、网络设备调试员（三级）、计算机网络管理员、华为 HCNA/HCNP 等、思科 CCNA/CCNP 等、计算机技术与软件专业技术资格（水平）考试、NCAE 考试程序开发类认证、全国计算机高新技术考试程序开发类认证、Web 前端认证、全国计算机高新技术考试程序开发类认证、NCAE 考试程序开发类认证、计算机技术与软件专业技术资格（水平）考试

7.3.4 培养目标

本专业群培养理想信念坚定，德、智、体、美、劳全面发展，具有良好的人文素养、职业道德和创新意识，精益求精的工匠精神，较强的就业能力和可持续发展的能力；掌握本专业群基础知识和基本技能，面向软件和信息技术服务业、互联网和相关服务行业的计算机网络工程技术人员、计算机软件技术人员、信息和通信工程技术人员、其他计算机与应用工程技术人员等职业群（或技术技能领域），能够从事数据安全工程师、大数据分析师、移动应用开发工程师、软件开发工程师、网络应用开发工程师、人工智能服务工程师等工作，适应产业转型升级和企业技术创新需要的发展型、复合型、创新型的高素质技术技能人才。

7.3.5 培养规格

1. 专业群素质要求

（1）坚定拥护中国共产党领导和我国社会主义制度，在习近平新时代中国特色社会主义思想指引下，践行社会主义核心价值观，具有深厚的爱国情感和中华民族自豪感。

（2）崇尚宪法、遵法守纪、崇德向善、诚实守信、尊重生命、热爱劳动，履行道德准则和行为规范，具有社会责任感和社会参与意识。

（3）具有质量意识、环保意识、安全意识、信息素养、工匠精神、创新思维。

（4）勇于奋斗、乐观向上，具有自我管理能力、职业生涯规划的意识，有较强的集体意识和团队合作精神。

（5）具有健康的体魄、心理和健全的人格，掌握基本运动知识和至少一项运动技能，养成良好的健身与卫生习惯，良好的行为习惯。

（6）具有一定的审美和人文素养，能够形成至少一项艺术特长或爱好。

（7）具有创新思维与创业精神。

（8）具有互联网思维和计算思维。

2. 专业群基础能力要求

（1）具有英语阅读和一般专业资料的翻译能力。

（2）具有高度的责任感，有严谨、认真、细致和吃苦耐劳的工作作风。

（3）具有遵守行业规程、保守国家秘密和商业秘密的素养。

（4）具有独立终身学习的意识和再学习的能力。

（5）具有良好的工程实践应用能力和创业能力。

（6）具有跟踪和检索最新工程领域的相关技术信息能力。

（7）具备对新知识、新技能的学习能力和创新创业能力。

（8）具备数据库的安装与配置能力。

（9）具备数据库的创建、修改、删除、设置、备份、恢复的能力。

（10）具备认知网络体系结构的基本能力。

（11）具备配置和测试网络协议、划分子网的能力。

（12）具备网线制作的基本能力。

（13）具备组建局域网和实现网络资源共享的能力。

（14）具备专业软件应用能力。

（15）具备调试程序的能力。

（16）具有一定的创新能力，能对行业内创新热点进行简单分析和理解。

3. 专业群职业能力要求

（1）具备信息安全设备安装调试与部署能力。

（2）具备网络安全策略配置能力。

（3）具备网络安全系统集成能力。

（4）具备信息系统灾备能力。

（5）具备网络安全应急服务能力。

（6）具备网络设备、网络安全设备、服务器设备和无线网络安装与调试能力。

（7）具有网络虚拟化、云平台系统搭建和系统平台设备配置部署能力。

（8）具备操作 Linux 的能力。

（9）具备操作 Hadoop 大数据平台及其生态组件的能力。

（10）具备大数据开发的数据收集、清洗和整理的能力。

（11）具备大数据分析与行业应用的能力。

（12）具备大数据可视化设计和工具应用的能力。

（13）具备大数据安全和管理的能力。

（14）具备大数据分析与应用能力。

（15）具备数据库设计、应用和管理能力。

（16）具备 Java 基本编程能力。

（17）具备 Web 前后端编程能力。

（18）具备 UI 界面设计能力。

（19）具备熟练进行软件编码的能力。

（20）具备熟练进行数据库开发、使用及维护的能力。

（21）具备数据库设计、应用和管理能力。

（22）具备软件测试能力。

（23）具备一定的项目管理能力，掌握信息系统设计与开发的全流程。

（24）具备安卓终端应用开发能力。

（25）具备手机 App 基本编程能力。

（26）具备移动端网站开发能力。

（27）具备物联网设备集成能力。

（28）具有探究学习、终身学习、分析问题和解决问题的能力。

（29）具有良好的语言、文字表达能力和沟通能力。

（30）具备良好的团队合作与抗压能力。

7.3.6 课程设置及要求

为落实立德树人根本任务，把思想政治工作贯穿教育教学全过程，需深入发掘各类课程的思想政治理论教育资源。形成以思政课程为核心，综合素养课程为骨干，专业课程思政为支撑的大思政教育体系，实现全员育人、全程育人、全方位育人。通过构建“公共基础平台+专业群基础平台+专业方向模块+专业拓展模块+素质拓展模块”的模块化课程体系，实行“大专业进、小专业出”个性化人才培养，课程内容与X证书融通，将劳动教育融入到实习实训课内容。

1. 公共基础平台设置

根据党和国家有关文件规定，以及专业群素质要求，开设思想道德修养与法律基础、毛泽东思想和中国特色社会主义理论体系概论、形势与政策、军事理论、军事训练、公共体育、体育专项技能、信息技术与人工智能基础、就业指导与职业发展、创新创业教育、心理健康教育、中华优秀传统文化、高等数学、公共英语等公共课程。

2. 专业群基础平台设置

将专业群各典型工作任务共有的基本职业能力归并到一起，组合成专业基础课程平台。将以知识学习为主的职业能力（或者共有的知识点）归并到一起，构建基础理实一体化课程（B类课程）；将以技能训练为主的职业能力（或者共有的技能点）归并到一起，构建基础实训课程（C类课程）。

包含程序设计基础、数据库基础、计算机网络基础、人工智能与大数据导论、UI界面设计、Python程序设计、新一代信息技术基础、认知实习、体验实习等课程。

3. 专业群模块设置

（1）专业群核心课程模块。根据专业群领域及核心岗位分析，形成专业群核心课程模块（表7.2和表7.3）。

表 7.2　专业群核心课程模块设置表

序号	课程名称	职业技能等级证书
1	Java 程序设计	国家信息安全水平考试认证（NISP） 信息系统安全测评师 大数据分析师 软件开发工程师
2	Linux 操作系统	
3	信息安全技术与实施	
4	大数据分析技术	
5	Java 程序设计实训	

表 7.3　专业群模块设置表

序号	模块名称	课程名称	职业技能等级证书
1	数据安全	数据备份与恢复等课程	国家信息安全水平考试认证（NISP）
2	安全运维	信息安全产品配置与应用等课程	信息系统安全测评师
3	大数据挖掘	数据预处理等课程	大数据挖掘工程师
4	大数据可视化	大数据安全管理等课程	Tableau Desktop Specialist
5	人工智能技术	深度学习技术及应用等课程	人工智能产品开发工程师
6	人工智能应用开发	计算机视觉技术等课程	人工智能产品开发工程师
7	Web 应用开发	JSP 高级网页设计等课程	计算机技术与软件专业技术资格（水平）考试、软件设计师 CNCIW 认证
8	中小型软件系统开发	软件系统开发等课程	计算机技术与软件专业技术资格（水平）考试
9	移动应用开发	安卓应用程序设计等课程	1．NCAE 考试 android 认证 2．OSTA 考试 android 认证 3．谷歌公司 android 程序员认证证书 4．经专业指导委员会和学院认可的其他与 android 相关的认证证书
10	跨平台混合开发	跨平台移动应用开发等课程	NCAE 考试 Java 认证 OSTA 考试 Java 认证 Sun 公司 Java 程序员认证证书 经学院认可的其他与 Java 相关的认证证书

续表

序号	模块名称	课程名称	职业技能等级证书
11	区块链应用	区块链原理与应用等课程	区块链工程师
12	Web 前端开发	响应式网页设计等课程	Web 前端工程师
13	信息安全应用	信息安全标准与法规等课程	网络安全管理员
14	智能技术应用	智能产品设计等课程	移动终端应用开发工程师
15	数据采集与管理	数据采集等课程	大数据运维工程师

（2）专业群专业方向模块。根据专业群各职业能力按职业岗位进行分类，分别构建不同的技术方向课程模块，每个模块与一个或一类职业岗位（群）对应，由 2～5 门理实一体化课程（B 类课程）和实训课程（C 类课程）组成。包含数据安全、大数据挖掘、人工智能技术、Web 应用开发、移动应用开发等 15 个模块。

1）专业方向模块设置（表 7.4）。

表 7.4　专业方向模块设置

序号	专业名称	专业定位	必修模块名称
1	信息安全技术应用	面向软件和信息技术服务业、互联网和相关服务行业的计算机网络工程技术人员等职业群（或技术技能领域），能够从事信息安全产品支持工程师等工作	数据安全 安全运维
2	大数据技术与应用	面向软件和信息技术服务业、互联网和相关服务行业的其他计算机与应用工程技术人员等职业群（或技术技能领域），能够从事大数据分析师等工作	大数据挖掘 大数据可视化
3	人工智能技术服务	面向软件和信息技术服务业、互联网和相关服务行业的人工智能工程技术人员等职业群（或技术技能领域），能够从事人工智能服务工程师等工作	人工智能技术 人工智能应用开发
4	软件技术	面向软件和信息技术服务业的计算机软件工程技术人员等职业群（或技术技能领域），能够从事软件开发工程师等工作	Web 应用开发 中小型软件系统开发
5	移动互联应用技术	面向软件和信息技术服务业、互联网和相关服务行业的计算机系统分析技术人员等职业群（或技术技能领域），能够从事移动应用开发工程师等工作	移动应用开发 跨平台混合开发

2）专业拓展模块设置（表 7.5）。

表 7.5 专业拓展模块设置

序号	拓展模块类型	模块名称（选修）
1	专业拓展模块	区块链应用模块 Web 前端开发模块 信息安全应用模块 智能技术应用模块 数据采集与管理模块

包含区块链原理与应用、Web 前端基础、信息安全标准与法规、智能产品设计、数据采集等课程。

3）素质拓展模块设置。根据专业群素质要求，开设科学精神与思维创新模块、历史传承与哲学基础模块、社会研究与经济管理模块、当代中国与世界视野模块和艺术体验与审美鉴赏模块，由学生自行选修。

（3）专业群专业方向核心课程主要教学内容及要求（表 7.6）。

表 7.6 专业群专业方向核心课程主要教学内容及要求

序号	模块名称	课程名称	主要教学内容及要求
1	数据安全	数据备份与恢复	本课程针对数据恢复工程师等岗位开设，通过本课程的教学，旨在培养学生的数据安全防护能力，使学生掌握在发生数据损害、遗失情况下的处理方法，达到能够选择和运用数据恢复工具进行数据恢复操作的基本要求，同时培养学生的方法能力、社会能力及职业素质。学生在学习完本课程后，可从事数据存储备份、数据恢复以及数字取证等相关工作
2	安全运维	信息安全产品配置与应用	本课程是信息安全专业核心课程，旨在培养信息化建设中急需的安全产品支持、网络安全维护、风险评估工程师，重点培养学生对信息安全常用产品的认识、产品配置、产品在具体项目中的综合应用能力，培养学生的价值观、社会能力和综合职业能力，逐步促进学生的职业素养养成
3	大数据挖掘	数据预处理	本课程主要学习数据清理、数据集成、数据变换、数据规约的方法并对数据进行治理。同时掌握使用数据清洗工具对不同格式的数据文件完成数据的抽取、转换、加载操作以及实践应用。目的是使学生正确地利用大数据技术，科学地对数据进行处理，并管理、使用数据

续表

序号	模块名称	课程名称	主要教学内容及要求
4	大数据可视化	大数据安全管理	本课程从数据安全角度进行，全面系统介绍大数据安全方面的相关知识，利用 Kerberos 技术来保护数据的安全应用，掌握数据安全技术。目的是使学生能够在对数据进行分析处理时，有效杜绝数据安全带来的隐患，合理保护数据，并胜任数据治理与数据安全的岗位
		大数据可视化技术实训	本课程使学生掌握数据可视化价值、数据与图形模型、可视化流程设计、基本原理及常用工具。熟练使用一种可视化实现工具，能够实现基于时间、地理空间、高维非空间、网络数据、文本、统计图形的可视化表达。将大数据技术运用到实际中，以图形图像的方式将生活进行客观展现。在学习专业技能的同时，也注重团队协作能力的培养以及对事物审美能力的培养
5	人工智能技术	机器学习技术及应用	本课程主要培养学生学会机器学习各种算法应用技术。机器学习是人工智能的一个核心研究领域，也是近年来计算机科学中最活跃的研究分支之一，同时也是一个多学科交叉的学科。学生通过监督学习、贝叶斯估计、参数方法、维度规约、聚类、决策树、线性判别式、多层感知器、核机器、图方法、增强学习等方法的学习，并完成相关机器学习方法的实验设计及分析，理论结合实践，使学生掌握机器学习方法在程序设计过程中的应用技能
6	人工智能应用开发	人工智能产品开发实训	本课程主要培养学生知识的综合应用能力。通过利用 C 语言、Python 语言、外观设计、微控制器技术、嵌入式操作系统、机器学习与神经网络等知识，分步完成软硬件的设计、人工智能算法实现和外观设计，以项目形式完成知识内容的整合。
7	Web 应用开发	JSP 高级网页设计	本课程介绍 JSP 技术的概念、方法与实现过程，包括 JSP 运行环境、JSP 语法与组成元素、JSP 内置对象、JSP 对数据库的操作、JSP 对 JavaBean 和 Servlet 的调用、JSP 核心表达式与标签、Web 网页模板技术、JSP 实用组件技术，着重培养学生进行动态 Web 应用开发的能力
8	中小型软件系统开发	软件系统开发	本课程介绍 Spring 原理与配置；IOC 技术；AOP 技术；Struts2 入门与配置；Struts2 标签与特性；Hibernate 入门与配置；HQL、Hibernate 高级特性；SSH 框架整合方法；应用 Java EE 开发企业级应用系统的技术
		软件系统开发实训	本课程以项目制教学为导向，使学生了解并经历一个完整的项目开发过程，进一步熟练应用 HTML、JavaScript、SQL Server 和 Java 编程技术，系统运用 Web 程序设计的新知识、新技术，包括 MVC、AJAX、XML、三层架构等，掌握 Web 应用程序开发技能，达到 B/S 应用系统程序员的能力要求

续表

序号	模块名称	课程名称	主要教学内容及要求
9	移动应用开发	安卓应用程序设计	通过对该课程的学习，使得学生掌握Android平台、开发框架及SDK，掌握Android模拟器（Emulator）、Dalvik调试监控服务工具、Android调试工具、Traceview工具、mksdcard卡、activityCreator工具、Android资源打包工具、dx工具等工具的使用。掌握Android界面层、Android控制层开发
10	跨平台混合开发	跨平台移动应用开发	通过对该课程的学习，学生能利用HTML、CSS和JavaScript进行手机App开发，跨越了原生代码的繁杂，提升其对手机开发的兴趣，降低了入门门槛，并能帮助学生快速适应开发岗位的切换，以及跨越安卓和iOS两个平台的开发能力

7.3.7 教学计划进度表

教学计划进度表具体见表7.7～表7.21。

表7.7 课程类别与学分结构总表

课程及学分类别	课程管理部门		课程学分		课内学时		整周实训/周
			必修	选修	总学时	其中实践学时	
1．公共基础平台课程（公共必修课程）	马克思主义学院		8	/	148	40	/
	通识教育与国际学院		20	/	326	96	/
	体育与国防教学部		11	/	256	200	2
	人工智能与大数据学院		2	/	32	16	/
2．素质拓展模块（公共选修课程）	通识教育与国际学院 马克思主义学院		/	6	96	0	/
3．专业群基础平台课程（专业必修课程）	人工智能与大数据学院	理论	25	/	400	200	/
		实践	2	/	40	40	2
4．专业群核心课程模块（专业必修课程）	人工智能与大数据学院	理论	16	/	256	128	
		实践	2	/	40	40	2

续表

课程及学分类别		课程管理部门		课程学分		课内学时		整周实训/周
				必修	选修	总学时	其中实践学时	
5. 专业方向模块课程（专业必修课程）	专业一 信息安全技术应用	人工智能与大数据学院	理论	11	/	176	88	/
			实践	23	/	680	680	34
	专业二 大数据技术与应用	人工智能与大数据学院	理论	15	/	240	120	/
			实践	19	/	600	600	30
	专业三 人工智能技术应用	人工智能与大数据学院	理论	12	/	192	96	/
			实践	22	/	660	660	33
	专业四 软件技术	人工智能与大数据学院	理论	17	/	272	136	/
			实践	17	/	560	560	28
	专业五 移动互联应用技术	人工智能与大数据学院	理论	15	/	240	120	/
			实践	19	/	600	600	30
6. 专业拓展模块课程（专业选修课程）		人工智能与大数据学院	/	≥18	/	288	144	/
统计		专业一总学分、学时		144		2738	1672	40
		专业二总学分、学时		144		2722	1624	36
		专业三总学分、学时		144		2734	1660	39
		专业四总学分、学时		144		2714	1600	34
		专业五总学分、学时		144		2722	1624	36
毕业总学分标准				144 学分				

表 7.8 公共基础平台设置表

学期	课程名称	课程代码	课程类型（A，B，C）	必修学分	考核方式	课内总学时	其中实践学时
1	公共英语（1）	6902020011	B	4	考查	64	16
	创新创业教育（1）	69010027	B	1	考查	16	4

续表

学期	课程名称	课程代码	课程类型（A，B，C）	必修学分	考核方式	课内总学时	其中实践学时
1	就业指导与职业发展（1）	69010025	B	1	考查	19	6
	高等数学	69010006	B	4	考试	64	16
	心理健康教育	69010029	B	1	考查	16	4
	思想道德修养与法律基础	7002020001	B	2.5	考查	40	8
	形势与政策 I	7002010008	B	0	考查	8	
	思想政治理论实践课（1）	7007040001	C	0.5	考查	10	10
	信息技术与人工智能基础	6102020001	B	2	考查	32	16
	公共体育 1	71010001	B	2	考查	32	28
	军事理论	71010014	A	2	考查	32	
	军事训练	71010015	C	2	考查	112	112
2	公共英语（2）	6902020012	B	4	考查	64	16
	工程数学	6902020014	B	3	考试	48	12
	毛泽东思想和中国特色社会主义理论体系概论	7002020002	B	3.5	考查	56	12
	形势与政策 I	7002010008	B	0.5	考查	8	
	思想政治理论实践课（2）	7002040001	C	0.5	考查	10	10
	公共体育 2	71010002	B	2	考查	32	28
3	体育在线课程	71010005	A	1	考查	16	
	形势与政策 II	7002010010	B	0	考查	8	
	体育专项技能 1	71010006	C	1	考查	16	16
4	创新创业教育（2）	69010028	C	1	考查	16	16
	就业指导与职业发展（2）	69010026	B	1	考查	19	6
	形势与政策 II	7002010010	B	0.5	考查	8	
	体育专项技能 2	71010007	C	1	考查	16	16
公共基础平台课程（必修课程）开课总学分			41 学分		/	762 学时	

表 7.9 信息安全技术应用专业群基础平台设置表

学期	课程名称	课程代码	课程类型（A,B,C）	课程学分	考核方式	课内学时		整周实训/周
						总学时	其中实践学时	
1	程序设计基础	1801278	B	4	考试	64	32	
	数据库基础	1801112	B	4	考试	64	32	
	新一代信息技术基础	6108020043	B	1	考查	16	8	
	认知实习	1805083	C	1	考查	20	20	1
2	计算机网络基础	1260015	B	4	考试	64	32	
	人工智能与大数据导论	6108020044	B	4	考试	64	32	
	体验实习	1305052	C	1	考查	20	20	1
	UI 界面设计	1801274	B	4	考试	64	32	
	Python 程序设计	61030198	B	4	考试	64	32	
课程学分、学时及实践学时、实践周数			/	27	/	440	240	2
专业基础平台课程（专业必修课程）毕业学分小计			27 学分					

表 7.10 信息安全技术应用专业群核心课程模块设置表

学期	课程名称	课程代码	课程类型（A,B,C）	课程学分	考核方式	课内学时		整周实训/周
						总学时	其中实践学时	
3	Java 程序设计	1860116	B	4	考试	64	32	
	Linux 操作系统	1801257	B	4	考试	64	32	
	信息安全技术与实施	1301254	B	4	考试	64	32	
	大数据分析技术	6108020045	B	4	考试	64	32	
	Java 程序设计实训	1805007	C	2	考查	40	40	2
课程学分、学时及实践学时、实践周数			/	18	/	296	168	2
专业群核心课程（专业必修课程）毕业学分小计			18 学分					

表 7.11　信息安全技术应用专业方向模块设置表

学期	模块名称	课程名称	课程代码	课程类型（A，B，C）	课程学分	考核方式	课内学时		整周实训/周
							总学时	其中实践学时	
4	数据安全	数据备份与恢复	1360115	B	3	考查	48	24	
		网络安全系统集成	1301276	B	4	考试	64	32	
		网络攻防实训	6107040037	C	4	考查	80	80	4
5	安全运维	网络安全综合实训	1305138	C	4	考查	80	80	4
		信息安全产品配置与应用	1360263	B	4	考查	64	32	
		数据容灾系统应用实训	1360226	C	2	考查	40	40	2
	/	校外（顶岗）实习 1	6107040004	C	3	考查	120	120	6
6	/	校外（顶岗）实习 2	61050050	C	4	考查	240	240	12
	/	毕业设计（论文）	1860278	C	6	答辩	120	120	6
课程学分、学时及实践学时、实践周数				/	34	/	856	768	34
专业方向模块课程（专业必修课程）毕业学分小计				34 学分					

表 7.12　大数据技术与应用专业方向模块设置表

学期	模块名称	课程名称	课程代码	课程类型（A，B，C）	课程学分	考核方式	课内学时		整周实训/周
							总学时	其中实践学时	
4	大数据挖掘	数据预处理	61030057	B	4	考查	64	32	
		大数据仓库技术	61030015	B	4	考试	64	32	
		大数据仓库技术实训	6107040002	C	3	考查	60	60	3
5	大数据可视化	大数据安全管理	6108020003	B	3	考查	48	24	
		大数据可视化技术	61030059	B	4	考查	64	32	
		大数据可视化技术实训	6107040003	C	3	考查	60	60	3
	/	校外（顶岗）实习 1	6107040004	C	3	考查	120	120	6

续表

学期	模块名称	课程名称	课程代码	课程类型（A，B，C）	课程学分	考核方式	课内学时		整周实训/周
							总学时	其中实践学时	
6	/	校外（顶岗）实习 2	61050050	C	4	考查	240	240	12
	/	毕业设计（论文）	1860278	C	6	答辩	120	120	6
课程学分、学时及实践学时、实践周数				/	34	/	840	720	30
专业方向模块课程（专业必修课程）毕业学分小计				34 学分					

表 7.13　人工智能技术应用专业方向模块设置表

学期	模块名称	课程名称	课程代码	课程类型（A，B，C）	课程学分	考核方式	课内学时		整周实训/周
							总学时	其中实践学时	
4	人工智能技术	机器学习技术及应用	6108020046	B	4	考查	64	32	
		机器学习实训	6107040038	C	2	考查	40	40	2
		深度学习技术及应用	6108020047	B	4	考试	64	32	
		深度学习实训	6107040039	C	2	考查	40	40	2
5	人工智能应用开发	计算机视觉技术	6108020048	B	4	考查	64	32	
		计算机视觉技术实训	6107040040	C	2	考查	40	40	2
		人工智能产品开发实训	6107040041	C	3	考查	60	60	3
	/	校外（顶岗）实习 1	6107040004	C	3	考查	120	120	6
6	/	校外（顶岗）实习 2	61050050	C	4	考查	240	240	12
	/	毕业设计（论文）	1860278	C	6	答辩	120	120	6
课程学分、学时及实践学时、实践周数				/	34	/	852	756	33
专业方向模块课程（专业必修课程）毕业学分小计				34 学分					

表 7.14 软件技术专业方向模块设置表

学期	模块名称	课程名称	课程代码	课程类型（A，B，C）	课程学分	考核方式	课内学时		整周实训/周
							总学时	其中实践学时	
4	Web 应用开发	JSP 高级网页设计	6108020049	B	3	考查	48	24	
		JSP 高级网页设计实训	6107040027	C	2	考查	40	40	2
		软件工程	1801103	B	3	考查	48	24	
		数据结构	1801192	B	3	考试	48	24	
		PHP 程序设计	1801190	B	4	考查	64	32	
5	中小型软件系统开发	软件系统开发	6108020050	B	4	考查	64	32	
		软件系统开发实训	6107040042	C	2	考查	40	40	2
	/	校外（顶岗）实习 1	6107040004	C	3	考查	120	120	6
6	/	校外（顶岗）实习 2	61050050	C	4	考查	240	240	12
	/	毕业设计（论文）	1860278	C	6	答辩	120	120	6
课程学分、学时及实践学时、实践周数				/	34	/	832	696	28
专业方向模块课程（专业必修课程）毕业学分小计				34 学分					

表 7.15 移动互联应用技术专业方向模块设置表

学期	模块名称	课程名称	课程代码	课程类型（A，B，C）	课程学分	考核方式	课内学时		整周实训/周
							总学时	其中实践学时	
4	移动应用开发	安卓应用程序设计	6108020022	B	4	考查	64	32	
		安卓应用程序设计实训	6107040043	C	2	考查	40	40	2
		移动 Web 开发	61030064	B	3	考查	48	24	
		Java Web 程序设计	1801132	B	4	考试	64	32	

续表

学期	模块名称	课程名称	课程代码	课程类型（A，B，C）	课程学分	考核方式	课内学时		整周实训/周
							总学时	其中实践学时	
5	跨平台混合开发	跨平台移动应用开发	1801305	B	4	考查	64	32	
		移动开发综合实训	6107040044	C	4	考查	80	80	4
	/	校外（顶岗）实习 1	6107040004	C	3	考查	120	120	6
6	/	校外（顶岗）实习 2	61050050	C	4	考查	240	240	12
	/	毕业设计（论文）	1860278	C	6	答辩	120	120	6
课程学分、学时及实践学时、实践周数				/	34	/	840	720	30
专业方向模块课程（专业必修课程）毕业学分小计				34 学分					

表 7.16　专业拓展模块设置表

学期	模块名称	课程名称	课程代码	课程类型（A，B，C）	课程学分	考核方式	课内学时		整周实训/周
							总学时	其中实践学时	
3、5	区块链应用	云计算基础	61040096	B	2	考查	32	16	
4、6		区块链原理与应用	6105020002	B	2	考查	32	16	
4、6		Excel 高级应用	1302051	B	2	考查	32	16	
3、5	Web 前端开发	Web 前端基础	6105020012	B	3	考查	48	24	
4、6		响应式网页设计	6105020003	B	3	考查	48	24	
4、6		.NET 编程	6105020004	B	2	考查	32	16	
3、5	信息安全应用	新一代网络技术	6105020006	B	2	考查	32	16	
3、5		密码导论	6105020025	B	2	考查	32	16	
4、6		计算机取证与司法鉴定	6105020026	B	2	考查	32	16	
4、6		信息安全标准与法规	1360262	B	2	考查	32	16	

续表

学期	模块名称	课程名称	课程代码	课程类型（A，B，C）	课程学分	考核方式	课内学时		整周实训/周
							总学时	其中实践学时	
3、5	智能技术应用	智能产品销售	6105020027	B	2	考查	32	16	
3、5		嵌入式操作系统	1302025	B	2	考查	32	16	
3、5		SQL Server 数据库	6105020028	B	2	考查	32	16	
4、6		电子技术	6105020040	B	4	考查	64	32	
4、6		智能产品设计	6105020030	B	2	考查	32	16	
3、5	数据采集与管理	数据采集	6105020031	B	2	考查	32	16	
4、6		数据治理	6105020032	B	2	考查	32	16	
本专业毕业要求达到的最低专业拓展课程（专业选修课程）总学分				18 学分					

表 7.17　信息安全技术应用专业方向各学期教育、教学各环节周数分配表

学期	课堂教学	各种实践教学周					军事训练毕业教育	考试	专题活动周	机动	合计
		课程设计	技能实训	生产实习	顶岗实习	毕业论文毕业设计					
1	14		1				2	1	1	2	21
2	16		1					1	1	2	21
3	16		2					1	1	1	21
4	16		4					1	0	0	21
5	12				6			1	1	1	21
6					12	6	2	0	1	0	21
合计/周	74		8		18	6	4	5	5	6	126

表 7.18 大数据技术与应用专业方向各学期教育、教学各环节周数分配表

学期	课堂教学	各种实践教学周					军事训练毕业教育	考试	专题活动周	机动	合计
		课程设计	技能实训	生产实习	顶岗实习	毕业论文毕业设计					
1	14		1				2	1	1	2	21
2	16		1					1	1	2	21
3	16		2					1	1	1	21
4	16		3					1	0	1	21
5	12				6			1	1	1	21
6					12	6	2	0	1	0	21
合计/周	74		7		18	6	4	5	5	7	126

表 7.19 人工智能技术服务专业方向各学期教育、教学各环节周数分配表

学期	课堂教学	各种实践教学周					军事训练毕业教育	考试	专题活动周	机动	合计
		课程设计	技能实训	生产实习	顶岗实习	毕业论文毕业设计					
1	14		1				2	1	1	2	21
2	16		1					1	1	2	21
3	16		2					1	1	1	21
4	16		4					1	0	0	21
5	12				6			1	1	1	21
6					12	6	2	0	1	0	21
合计/周	74		8		18	6	4	5	5	6	126

表7.20 软件技术专业方向各学期教育、教学各环节周数分配表

学期	课堂教学	各种实践教学周					军事训练毕业教育	考试	专题活动周	机动	合计
		课程设计	技能实训	生产实习	顶岗实习	毕业论文毕业设计					
1	14		1				2	1	1	2	21
2	16		1					1	1	2	21
3	16		2					1	1	1	21
4	16		2					1	1	1	21
5	12				6			1	1	1	21
6					12	6	2	0	1	0	21
合计/周	74		6		18	6	4	5	6	7	126

表7.21 移动互联应用技术专业方向各学期教育、教学各环节周数分配表

学期	课堂教学	各种实践教学周					军事训练毕业教育	考试	专题活动周	机动	合计
		课程设计	技能实训	生产实习	顶岗实习	毕业论文毕业设计					
1	14		1				2	1	1	2	21
2	16		1					1	1	2	21
3	16		2					1	1	1	21
4	16		2					1	1	1	21
5	12				6			1	1	1	21
6					12	6	2	0	1	0	21
合计/周	74		6		18	6	4	5	6	7	126

7.3.8 专业群课程简介

专业群课程简介具体见表 7.22～表 7.25。

表 7.22 信息安全与技术专业课程

序号	课程名称	主要教学内容及要求
1	程序设计基础	本课程为信息安全技术专业的基础课。它是计算机大类各专业学生必修的入门课程，是学习软件编程、开发的启蒙课程，适用于计算机大类各专业一年级学生学习。本课程的任务是使学生通过学习和微机操作实践，了解和掌握 C 语言的主要特点，掌握 C 语言的各种语法和数据结构，同时通过学习和实践使学生对程序设计思想（尤其是结构化程序设计思想）有一定的了解。为进一步学习计算机及其相关专业的后续课程打下良好的理论和实践基础
2	计算机取证与司法鉴定	本课程为信息安全技术专业的核心课。计算机取证技术是信息安全技术领域的重要研究课题，目前已经越来越受到人们的极大关注。本课程是一门面向计算机信息安全专业三年级学生开设的专业必修课，课程理论与实践紧密结合，实用性强，目的在于使学生理解计算机取证的法律法规理念和证据特性，掌握计算机取证的基本原则，计算机证据的获取、分析、保管技术的基本原理与方法，掌握基本的计算机取证工具的使用，具备从事与计算机取证有一定联系的领域相关技术与管理工作的初步能力
3	数据备份与恢复	本课程为信息安全技术专业的核心课。数据备份与恢复是高职高专信息安全技术应用专业的主干课程，前导课程有“计算机硬件基础”“计算机组装实训”“数据库应用技术”“系统安全实训”“信息安全技术”等。旨在培养学生的数据安全防护能力，使学生掌握在发生数据损害、遗失情况下的处理方法，达到能够选择和运用数据恢复工具进行数据恢复操作的基本要求，同时培养学生的方法能力、社会能力及职业素质。学生在学习完本课程后，可从事数据存储备份、数据恢复以及数字取证等相关工作
4	网络安全系统集成	本课程为信息安全技术专业的核心课，是专业必修课程，主要培养学生的安全产品配置与集成工程中从事用户交流、建议方案的设计以及投标书的撰写等售前阶段的技术性工作，或者主要负责设备安装调试、系统测试、技术文档编写等售后工作的系统集成工程师。通过该课程的学习，学生可以完成安全系统集成与建设方案的设计、综合布线方案的设计与施工、交换机的安全配置、路由器的安全配置、系统常见服务器的安装与配置、常见主流安全产品的配置、系统集成的安全技术、项目管理等工作任务，具备从事安全产品服务工工作、安全系统集成工作的基本技能

续表

序号	课程名称	主要教学内容及要求
5	Linux 操作系统安全配置	本课程为信息安全技术专业的核心课。通过本课程的教学使学生较为全面地了解 Linux 操作系统、文件与目录的使用、基本配置、服务器的配置和安全配置，培养学生运用 Linux 操作系统的基本技能，提高学生的实践能力与技术应用能力
6	信息安全产品配置与应用	本课程为信息安全技术专业的核心课。本课程的先导课是专业基础平台中的网络技术、信息安全技术、Windows 系统安全实训等课程，后续课程是学习领域课程平台的网络安全系统集成、Web 系统安全开发、信息安全系统评估、计算机病毒与防治、系统运行与维护等。该课程是专业基础平台过渡到学习领域平台课程的核心支柱骨干课程，为学生从事信息安全产品销售、安全系统集成和安全产品维护打下坚实的基础，同时，也是培养信息安全技术工程师（产品技术支持工程师、网络安全维护工程师、风险评估工程师）的核心骨干课程，为学生今后发展提供职业价值观、方法能力和技巧能力
7	信息安全技术与实施	本课程为信息安全技术专业的核心课。通过该课程的学习，学生获得从事网络安全技术支持与服务职业的能力，能在企业中担任网络安全技术支持与服务人员。所有学生均可通过 TCSP（趋势认证安全专家）或信息产业部的网络安全工程师认证，获取相应的职业资格证书
8	信息安全工程管理	本课程为信息安全技术专业的核心课。它能加强 Linux 操作系统安全配置的学习，并将其运用到企业服务器的安装、设计、组建、管理与维护中。通过本课程，培养并提高学生完成从理论知识掌握到实际问题解决的能力，让学生具备较强的动手操作能力、创新能力与可持续发展的能力，为学生在信息安全方向职业能力的发展奠定基础。同时，在学习过程中，不断激发并强化学生的学习兴趣，并引导其成为学生稳定的学习动机。培养学生克服困难、乐于钻研、团队协作的职业精神，善于沟通协作的职业品质
9	PHP 系统安全开发	本课程为信息安全技术专业的拓展课。主要介绍基于 PHP 的主流 Web 系统安全开发技术。主要介绍 PHP 程序设计基础、PHP 操作 MySQL 数据库等技术、HP 的流程控制结构、PHP 与 MySQL 数据库编程技术和 PHP 网站安全开发技术。培养学生具备一定的应用系统编程及安全配置能力，能够运用 PHP 语言在 Windows 或 Linux 环境下进行应用系统的开发和配置

续表

序号	课程名称	主要教学内容及要求
10	信息安全标准与法规	本课程为信息安全技术专业的拓展课。本课程是一门面向信息安全等专业高年级学生开设的专业必修课。通过学习国内外信息安全标准和相关法律法规，增强学生的职业敏感度，旨在培养学生的信息安全职业素养和规范，为学生从事信息安全工程提供相关行业标准和法规依据，更好地提供信息安全服务
11	Windows 操作系统安全配置实训	本课程为信息安全技术专业的实习实训课程。该课程的总体目标是使学生能够掌握操作系统访问控制配置，操作系统安全策略制定，操作系统组建、管理与维护。通过本实训，培养并提高学生完成从理论知识掌握到实际问题解决的能力，让学生具备较强的动手操作能力、创新能力与可持续发展的能力，为学生在信息安全方向职业能力的发展奠定基础。同时，在实训过程中，不断激发并强化学生的学习兴趣，并引导其成为学生稳定的学习动机。培养学生克服困难、乐于钻研、团队协作的职业精神，善于沟通协作的职业品质
12	数据容灾系统应用实训	本课程为信息安全技术专业的实习实训课程。通过前期的相关数据存储与备份、数据容灾技术理论知识的掌握，并模拟企业真实项目，使学生能够掌握数据存储与备份的规划、设计、组建、管理与维护。通过本实训，培养并提高学生完成从理论知识掌握到实际问题解决的能力，让学生具备较强的动手操作能力、创新能力与可持续发展的能力，为学生在信息安全方向职业能力的发展奠定基础。同时，在实训过程中，不断激发并强化学生的学习兴趣，并引导其成为学生稳定的学习动机。培养学生克服困难、乐于钻研、团队协作的职业精神，善于沟通协作的职业品质
13	网络攻防实训	本课程为信息安全技术专业的实习实训课程。本实训是计算机学院信息安全技术应用专业必修课程。通过实训，加深学生对信息安全原理的理解，巩固课堂教学内容，使学生初步掌握网络攻防的主要技术环节和操作方法，并在此基础上强化学生的实践意识， 提高其技术实践能力与技术应用能力
14	网络安全综合实训	本课程为信息安全技术专业的实习实训课程。其课程理论与实践紧密结合，实用性强，目的在于使学生较全面地学习有关信息安全工程与管理基本理论，掌握信息系统安全管理与工程实施的基本方法，培养学生信息安全防护意识，增强信息系统安全保障能力

表7.23 软件技术专业课程

序号	课程名称	主要教学内容及要求
1	高级 Java 开发技术	本课程介绍输入输出流与异常处理、JDBC访问数据库的方法；多线程、Swing 图形界面处理；类型（元）信息与反射、注解、网络、序列化
2	Internet 开发及应用	本课程介绍Java Web环境搭建；JSP语法、JSP内置对象、JavaBean；Java 访问数据库的方法；Servlet 入门与配置、Servlet API；JSP 开发模式；应用 Java Web 开发 B/S 应用系统的技术
3	JavaEE 架构与程序设计	本课程介绍 Spring 原理与配置；IOC 技术；AOP 技术；Struts2 入门与配置；Struts2 标签与特性；Hibernate 入门与配置；HQL、Hibernate 高级特性；SSH 框架整合方法；应用 Java EE 开发企业级应用系统的技术
4	软件测试	本课程介绍软件开发过程和软件质量保证方法；软件测试工作流程和测试分类；测试策略和测试环境的搭建；测试管理；白盒测试和黑盒测试用例设计；单元测试和系统测试；功能测试工具；性能测试工具；测试技巧；测试报告和缺陷测试报告
5	人机交互设计的软件工程方法	本课程向学生讲授各种用于交互式产品开发的软件分析、设计和评估技术，包括人机交互的经典模型、人机交互的需求工程方法、人机交互的设计方法、人机交互的实现以及人机交互的评估技术等。通过课程，学生可以掌握从人机交互需求到人机交互设计实现过程所需的专业知识并拥有初步的企业级交互设计和评估能力
6	设计模式	本课程介绍典型设计模式的基本思想、原则、方法，帮助学生逐步理解常用的设计模式，逐步运用模式进行程序分析、设计、优化，特别是采用设计模式设计易重构、可扩展、高可重用性的优美软件
7	算法分析与设计	本课程系统地介绍分治、动态规划、贪心、回溯、分支限界等常用的算法设计方法，以及用这些方法设计出的一些经典算法，并对这些算法的时间空间复杂度进行分析。通过本课程的学习，使学生掌握常用的算法设计与分析方法，培养学生算法的时空意识、离散的计算思维以及在有限的计算资源上为实际问题选择或设计合适算法的能力

表 7.24 移动互联应用技术专业课程

序号	课程名称	主要教学内容及要求
1	移动互联产品检测与调试	数字式万用表、示波器、协议分析仪等检测仪器的使用技能，根据电路图确定关键检测点，使用相关仪器测量检测点的电气特性，使用协议分析仪分析通信数据包，根据检测的数据对电路进行调试等知识。通过项目训练，掌握移动互联产品检测与调试的基本技能
2	移动互联应用技术	红外、蓝牙、Wi-Fi、Zigbee、LoRa、NBIOT、3G/4G 等无线通信技术的基础知识，常用模块和典型应用电路，模块配置和数据通信指令，通过串口助手对模块简单配置和测试等内容。通过项目训练，掌握常用移动互联技术的操作技能
3	移动互联设备通信编程	移动互联设备的 UART、I2C、SPI、CAN 等嵌入式通信编程，蓝牙、Wi-Fi 和 GPRS 等通信模块的嵌入式编程，通过串口助手、协议分析仪等工具进行移动互联设备通信的调试等内容。通过项目训练，掌握移动互联设备检测与调试的基本技能
4	Android 程序设计	Android 开发环境的搭建和配置、Android 程序的基本框架、用户界面的实现、常用组件和菜单的编程、消息机制和服务编程、多线程编程和 SQLite 数据处理编程、通过模拟器进行程序调试、将 Apk 发布到手机并进行测试等知识。通过项目训练，掌握基本的 Android 程序设计技能
5	Android 嵌入式应用开发	ARM-A53 的基本结构、嵌入式应用程序设计基本过程、嵌入式底层驱动编程，Android 嵌入式系统人机交互界面、传感器数据获取编程、外部设备控制编程，Apk 发布到嵌入式设备并进行调试的知识。通过项目训练，掌握 Android 嵌入式应用程序设计的技能
6	Android 移动互联应用程序开发	移动互联应用软件的基本结构、MVC 编程模式、Android 蓝牙通信、Handler 消息传递、UDP 通信等编程、HTTP 协议和 JSON 数据格式与网络服务通信编程的内容。通过项目训练，掌握 Android 移动互联应用程序开发的技能
7	移动互联应用系统集成	系统集成的基本概念、系统通信协议、智能设备无线通信模块的选型和配置、Android 用户界面实现、Android 通讯服务编程、云端服务软件的部署、借助协议分析仪对通信数据包进行分析、编写测试用例进行系统测试等内容。通过项目训练，掌握 Android 移动互联应用系统集成的技能

表 7.25　人工智能技术服务专业课程

序号	课程名称	主要教学内容及要求
1	计算机视觉技术	本课程主要培养学生人工智能算法程序编写的能力。此课程介绍了计算机视觉，包括图像形成、摄像机成像几何、特征检测与匹配、多视图几何（包括立体法、运动估计与跟踪）和分类的基本原理。我们将开发基本应用方法，包括寻找图像中的已知模型、通过立体法进行深度恢复、摄像机标定、图像稳定、自动对齐（如全景照片）、跟踪和行为识别。计算机视觉的机器学习方面
2	机器学习技术与应用	本课程主要培养学生学会机器学习各种算法应用技术。机器学习是人工智能的一个核心研究领域，也是近年来计算机科学中最活跃的研究分支之一，同时也是一个多学科交叉的学科。学生通过监督学习、贝叶斯估计、参数方法、维度规约、聚类、决策树、线性判别式、多层感知器、核机器、图方法、增强学习等方法的学习，并完成相关机器学习方法的实验设计及分析，理论结合实践，掌握机器学习方法在程序设计过程中的应用技能
3	深度学习技术及应用	本课程主要使学生能够利用 FPGA 的硬件平台掌握人工智能应用技术的各种算法应用。通过本课程的学习，掌握数据清洗、数据加载方法，并利用逻辑回归模型的介绍，学习激励函数、损失函数和梯度下降的概念及作用，通过 FPGA 平台，完成神经网络、深度学习、卷积神经网络、深度置信网络、强化学习、循环神经网络等人工智能方法的应用程序设计和案例分析
4	智能产品开发综合实训	本课程主要培养学生知识的综合应用能力。通过利用 C 语言、Python 语言、外观设计、微控制器技术、嵌入式操作系统、机器学习与神经网络等知识，分步完成软硬件的设计、人工智能算法实现和外观设计，以项目形式完成知识内容的整合

7.3.9　专业群核心课程教学要求

专业群核心课程教学要求具体见表 7.26～表 7.34。

表 7.26　信息安全技术与实施

<table>
<tr><td>课程名称</td><td colspan="3">信息安全技术与实施</td></tr>
<tr><td>学期</td><td></td><td>学时</td><td>64</td></tr>
<tr><td>职业能力目标要求</td><td colspan="3">1．专业能力
要求学生掌握网络系统的拓扑结构分析技能。学会利用常见的漏洞扫描工具，对网络系统的弱点和配置情况进行分析，掌握信息系统安全防范技术方案的制定技能。掌握文件加密、数字签名和身份认证、操作系统的安全配置、网络和系统访问控制、入侵检测、电子邮件的安全配置等信息系统安全防范技能。为提供必要的信息系统安全维护和相关安全咨询服务，掌握防火墙和入侵检测产品的安装与配置。
2．社会能力
培养学生的独立思考和判断能力，通过这种方式能够对工作任务进行有效分析和寻求解决方案。加强学生社会的沟通能力，培养学生从事信息安全技术支持服务的职业素养。使学生具有正确的世界观、人生观和价值观
3．技巧（方法）能力
与人合作、团队协作能力；创新技巧。要求学生掌握收集关于系统安全配置、系统弱点信息的能力：分析、计划、实施和监控工作任务的能力。学习新技术、新知识的能力。
4．综合职业能力
知识目标：了解网络安全涉及的主要技术。熟悉网络安全模型、技术体系及安全评估标准。熟悉安全策略的概念。熟悉信息系统风险分析的概念及方法。熟悉信息系统的安全测试的基本方法。了解加密技术的基本概念及应用。熟悉访问控制技术及身份认证技术的原理及应用。熟悉数字签名技术的基本原理及应用。熟悉计算机病毒原理。熟悉防火墙工作原理。熟悉入侵检测原理方法目标。
方法目标：培养学生信息安全方案设计、掌握常见的安全防范措施、安全产品测试与运行维护等职业能力，实现与企业岗位工作“零距离对接”。</td></tr>
<tr><td>学习目标要求</td><td colspan="3">了解信息系统安全的基本要求。
了解网络系统面临的主要威胁。
掌握网络系统安全测试的方法。
掌握网络系统安全配置的方法。
了解系统的弱点和漏洞。
熟悉对网络系统安全需求进行分析的方法。
具备信息系统弱点和漏洞测试的方法。
具备网络系统渗透测试的能力。
掌握制定信息系统安全方案的方法。
具备网络系统安全配置的能力。</td></tr>
</table>

续表

学习内容	信息系统安全的基本要求。 绘制网络安全体系拓扑图的方法。 网络系统被攻击的原因。 系统的弱点和漏洞产生的原因。 系统的漏洞和弱点测试的方法。 网络系统渗透测试的方法。 分析客户网络系统的安全需求方法。 安全配置网络系统的方法。 网络系统安全方案制定的方法。 信息安全技术服务工程师职业操守。

表 7.27 网络安全系统集成

课程名称	网络安全系统集成		
学期		学时	64
职业能力目标要求	1. 专业能力 掌握访问控制列表，配置包过滤型防火墙。掌握常见的几款 CISCO 交换机、路由器设备的故障解决方案。掌握 DNS、DHCP、FTP、SMTP 服务安全配置与维护。掌握网络安全体系方案的整体设计思路。配置入侵检测系统（IDS）、入侵防御系统（IPS）与防火墙联动，共同管理网络安全。 2. 社会能力 在教学中要注意除了教会学生做事的方法，还要教会学生做人的方法。口头表达能力、理解能力；人际交往能力；对社会的认知能力；乐观自信的人生态度；正确合理的价值取向。 3. 知识目标 通过该课程的学习，学生可以完成安全系统集成与建设方案的设计、综合布线方案的设计与施工、常见网络安全产品的部署与配置、项目管理等工作任务，具备从事网络安全产品服务和安全系统集成工作的基本技能。 4. 方法目标 使学生掌握网络学习方法、鉴别学习方法、小心求证的科学认识方法。		
学习目标要求	能够掌握系统安全集成方案设计。 能够掌握交换机的安全配置。 能够掌握路由器的安全配置。 能够掌握常用服务器的安全配置。 能够掌握安全产品的配置与应用。		

续表

学习内容	网络安全体系方案的整体设计。 接入交换机安全访问与管理配置。 汇聚型交换机安全访问与安全管理配置。 核心交换机安全访问与安全管理配置。 路由器安全访问与管理配置。 广域网服务的管理配置。 包过滤防火墙的管理配置。 操作系统安全配置与维护技术。 常见网络服务安全配置与维护技术。 安全产品配置与应用。

表 7.28　数据备份与恢复

课程名称	数据备份与恢复		
学期		学时	64
职业能力目标要求	1．专业能力 能制定数据备份策略，实施数据备份任务；能修复基本系统故障，恢复系统数据；能修复破损的文件内容；会运用解密工具恢复遗失的文件密码；能恢复误删除和误格式化分区的文件数据；能恢复引导记录和分区表数据；能修复被破坏的数据库；能修复故障硬盘并恢复数据；能备份和销毁故障硬盘的数据；能修复数码存储设备并恢复数据；会组建磁盘阵列系统；能处理磁盘阵列故障并恢复数据。 2．社会能力 良好的表达与展示能力；良好的交流沟通能力，有团队协作精神；注重职场健康与安全，遵循操作规范；注重数据保护和信息保密，有责任心，具备良好的职业操守和习惯。 3．知识目标 掌握 Windows 系统备份与恢复、文档备份与恢复、硬盘数据恢复、数据库备份与恢复、硬盘修复、数码产品数据恢复、磁盘阵列数据恢复相关知识和技能。 4．方法目标 使学生掌握网络学习方法、鉴别学习方法、小心求证的科学认识方法。		
学习目标要求	能够掌握数据备份。 能够掌握 Windows 系统备份与修复。 能够掌握 Windows 文档修复。 能够掌握硬盘数据恢复。 能够掌握数据库的备份与恢复。 能够掌握硬盘修复。 能够掌握数码存储设备数据恢复。 能够掌握磁盘阵列数据恢复。		

续表

学习内容	系统数据的备份与恢复。 用户数据的备份与恢复。 系统故障修复。 系统备份与恢复。 Office 文档与压缩文档修复。 影音文件修复。 常用文档的密码遗失处理。 文件恢复。 使用辅助工具。 分区表恢复。 SQL Server 2005 数据文件损坏的恢复。 SQL Server 2005 日志文件损坏的恢复。 SQL Server 2005 误删除数据的恢复。 硬件故障修复。 硬盘高级检测修复。 硬盘数据备份与销毁。 数码存储设备故障检修。 闪存盘数据恢复。 磁盘阵列组建与配置。 磁盘阵列数据恢复。

表 7.29　Linux 操作系统安全配置

课程名称	Linux 操作系统安全配置		
学期		学时	64
职业能力目标要求	1．知识目标 能够陈述 Linux 的发展与特点。能够陈述 Linux 的组成与各种版本的区别。能够正确陈述 Linux 安装所需要环境。熟悉常见的文件系统与目录管理的操作。能够正确陈述用户与组的概念。能够列举常见的 Linux 的存储设备。熟悉 Shell 与 Shell 的环境变量。熟悉操作系统常见服务器的功能。能够列举 Linux 的主要安全问题。 2．技能目标 能进行 Linux 操作系统的安装。能进行基本的文件和目录的管理。能熟练运用 VI 编辑器。能够熟练进行用户与组的管理。能够熟练进行存储设备的卸载与使用。掌握 RPM 软件管理与内核编译。能够完成基本 Shell 程序编写。能够正确进行 Linux 下的各种服务器的配置。能够对 Linux 进行安全管理与配置。		

续表

职业能力目标要求	3．过程与方法目标 结合课程实践性较强的特点，本课程在教学过程中，以学生为主体， 通过案例教学、任务驱动教学、角色扮演教学、分组讨论、项目教学、问题探究教学等教学方法，让学生主动参与到教学过程中，教师作为引导者，不断激发学生的学习兴趣，让学生在不断分析问题、解决问题、推理与判断的过程中，提高学习效果，达到培养实际职业技能的目标。 4．情感态度与价值观目标 培养学生分析问题、解决问题的能力。培养学生善于沟通、团队协作的工作精神。培养学生勤于钻研、严谨求实的工作作风。培养学生主动参与、踏实敬业的工作态度。培养学生理论联系实际的能力。培养学生查找资料的能力。培养学生的语言表达能力。 5．职业道德与素质养成目标 能够同客户进行良好沟通。能够独立完成 Linux 的安装与基本使用。能够对 Linux 下的各种服务进行安装与配置。能够发现安全隐患，解决安全问题。
学习目标要求	能够掌握安装操作系统。 能够掌握文件与目录的基本操作。 能够掌握用户与组的管理。 能够掌握存储设备的使用。 能够掌握软件管理。 能够掌握服务器的管理与配置。
学习内容	安装操作系统。 文件的基本操作。 目录的基本操作。 文本编辑器 VI 的使用。 用户的管理。 组的管理。 在 Linux 使用光盘。 在 Linux 中使用 U 盘。 磁盘分区及维护。 RPM 软件包管理工具。 Linux 的 TAR 源码包管理。 Linux 内核编译与升级。 Samba 服务器配置。 NFS 服务器配置。 Apache 服务器配置。 VSFTP 服务器配置。 DNS 服务器配置。

表 7.30 信息安全产品配置与应用

<table>
<tr><td>课程名称</td><td colspan="3">信息安全产品配置与应用</td></tr>
<tr><td>学期</td><td></td><td>学时</td><td>64</td></tr>
<tr><td>职业能力目标要求</td><td colspan="3">1．专业能力
能够独立配置防火墙产品、VPN 产品、入侵检测产品、网络隔离产品、安全审计产品、网络存储设备、数据备份软件、防病毒产品等信息安全产品；能够掌握上述各类安全产品的管理和维护方法；能够正确选择和配置信息安全产品的安全策略；能够正确部署信息安全产品；能够根据实际情况选用合适的安全产品和合理的安全策略；能够针对某个网络系统提出安全防护方法，正确合理地部署信息安全产品。
2．社会能力
在教学中要注意除了教会学生做事的方法，还要教会学生做人的方法。口头表达能力、理解能力；人际交往能力；对社会的认知能力；乐观自信的人生态度；正确合理的价值取向。
3．技巧（方法）能力
技巧能力既包括职业技巧，也包括生活技巧、社会技巧。这种能力的养成需要学生做到“多看”“多学”“多练”“多思考”“多实践”。要为学生创造各种条件，并引导学生多动手、多思考，在实践中学习掌握，在潜移默化中培养。交流沟通技巧；产品操作技巧；解决问题技巧；自我学习技巧；与人合作、团队协作能力；创新技巧。
4．综合职业能力
综合职业能力是专业能力、社会能力和技巧能力的融合，还包含对职业素质的要求。主要是通过学习领域课程的学习和实践得以锻炼，通过具体的工程项目，让学生在真实、复杂、多变的环境中完成项目任务，逐步培养职业发展力和职业创造力。</td></tr>
<tr><td>学习目标要求</td><td colspan="3">理解防火墙的基本原理，掌握其知识要点，能够对防火墙产品做初始化配置，能够对防火墙进行正确部署，理解防火墙测试的基本方法。
理解并掌握VPN 的基本知识，理解 VPN 的关键技术，能够比较几种 VPN 技术的优缺点，能够对 VPN 的客户端和网关进行正确配置和管理。
理解并掌握入侵检测产品的工作原理和配置方法，能够对入侵检测产品进行配置和管理、部署，掌握入侵检测产品的性能指标，能够比较其优劣。
理解并掌握网络隔离产品的概念和基本原理，理解网络隔离产品的性能指标，能够比较产品优劣，能够对其进行正确部署和配置。
掌握安全审计及上网行为管理设备的基本原理和使用方法，能够配置和管理上网行为，能够进行带宽分配，能够进行安全审计。
理解网络存储设备的概念和基本原理，能够对网络存储设备进行正确部署和配置。
理解数据备份的原理和应用、意义，能够正确使用数据备份软件，学会使用数据备份软件进行数据备份和恢复。
理解并掌握防病毒网关的概念、原理和技术细节，能够正确部署和配置防病毒网关，能够对防病毒网关进行选型。</td></tr>
</table>

续表

学习内容	防火墙应用引导案例学习。 防火墙基本原理。 防火墙性能指标。 防火墙基本配置方法。 防火墙综合应用。 防火墙功能测试。 VPN 应用引导案例学习。 VPN 基本原理。 VPN 性能指标。 VPN 综合应用配置。 VPN 在现实项目中的应用。 入侵检测产品应用引导案例学习。 入侵检测产品工作原理。 入侵检测产品性能指标。 入侵检测产品部署。 入侵检测产品策略配置。 入侵检测产品功能测试。 网络隔离产品应用引导案例学习。 网络隔离产品工作原理。 网络隔离产品性能指标。 网络隔离产品部署。 网络隔离产品配置。 安全审计产品应用引导案例学习。 安全审计产品工作原理。 安全审计产品部署。 安全审计产品基本设置。 安全审计产品审计功能配置。 安全审计产品行为管理配置。 网络存储产品应用引导案例学习。 网络存储产品工作原理。 网络存储产品部署。 虚拟化存储设备的配置。 数据备份软件应用引导案例。 数据备份原理。 数据备份方案设计。 数据备份软件安装方法。 数据备份软件应用配置。 防病毒产品应用引导案例。

表 7.31 计算机取证技术与应用

课程名称	计算机取证技术与应用		
学期		学时	48
职业能力目标要求	理解计算机取证的法律法规理念和证据特性。 掌握计算机取证的基本原则，计算机证据的获取、分析、保管技术的基本原理与方法。 掌握基本的计算机取证工具的使用。 具备从事与计算机取证有一定联系的领域相关技术与管理工作的初步能力。		
学习目标要求	掌握 Windows 文件系统、获取证据、数据证据处理工具。 掌握 Windows 下的数据恢复、日志查看、文件系统跟踪。 掌握 UNIX/Linux 文件系统、获取证据技术、数据处理工具。 掌握 UNIX/Linux 下的日志查看、数据恢复、文件系统跟踪。 能够进行网络环境下的计算机取证。 能够进行数据推理、证据分析、评价、结果报告。		
学习内容	取证新技术专题。 计算机取证与司法鉴定概论。 计算机取证与分析鉴定相关的法学问题。 计算机取证中的数据恢复基础。 从硬盘中恢复和提取数据。 计算机取证与司法鉴定的基础。 Windows 系统的计算机取证和司法鉴定。 UNIX/Linux 系统计算机取证和司法鉴定。 网络取证。 木马取证与分析鉴定。 手机取证。		

表 7.32 网络安全运行与维护

课程名称	网络安全运行与维护		
学期		学时	48
职业能力目标要求	1．知识目标 网络安全技术的发展、应用以及在本专业学科、领域的地位和作用。Linux 和 Windows 操作系统中，常规安全配置和服务器安全配置。数据加密技术在身份认证、数字签名和密钥的管理及分配中的应用。目前的几种主流网络安全技术：防火墙技术、入侵检测技术，防病毒技术、VPN 技术的工作原理及其部署方式。划分网络安全的等级标准和漏洞扫描的评估方法。		

续表

职业能力目标要求	2．技能目标 Windows 操作系统桌面安全配置。Windows 网络操作系统常见网络服务的安全维护。Linux 操作系统桌面安全配置。Linux 网络操作系统常见网络服务的安全维护。证书服务的安装、配置和应用。端到端 VPN 和远程 VPN 的配置。硬件防火墙的安全配置。硬件 VPN 的安全配置。路由器的访问控制列表、VPN 和地址转换等安全配置。交换机的安全技术。 3．过程与方法目标 本课程在教学过程中，突出学生主体，采用理论和实践相结合教学，让学生通过实验来理解网络安全的相关概念。通过以学生为主体的学习，使学生在观察、思维、分析与解决问题能力方面有明显的提高，体现注重实际应用技能的培养目标。 4．情感态度与价值观目标 通过本课程的学习使学生掌握网络安全的基本知识和攻防措施，在每章甚至于每一次课都有相应的案例，与实际结合紧密，鼓励学生积极参与案例分析。也注重理论新颖性，使本课程具有观念新、易学习的特点。 5．职业道德与素质养成目标 在教学过程中通过不同成功与失败案例的对比剖析与课程教学中的团队活动实践让学生领悟并认识到敬业耐劳、恪守信用、讲究效率、尊重规则、团队协作、崇尚卓越等职业道德与素质在个人职业发展和事业成功中的重要性，使学生能树立起培养良好的职业道德与注重日常职业素质养成的意识。
学习目标要求	能够管理与维护 Windows 桌面系统安全。 能够管理与维护 Windows 服务器系统安全。 能够管理与维护 Linux 桌面系统安全。 能够管理与维护 Linux 服务器系统安全。 能够掌握网络互联设备安全配置。 能够掌握网络安全设备配置。 能够掌握网络安全技术与设备故障排除。
学习内容	使用访问权限加强 Windows 主机网络安全。 使用防火墙规则提高 Windows 桌面系统防御。 使用文件加密加强 Windows 文件系统安全。 使用本地安全策略加强 Windows 主机防御。 使用安全审计加强 Windows 主机安全。 加固 Windows 系统 DHCP 服务安全防御。 提升 Windows 系统 IIS 服务安全防御。 通过系统口令加强 Linux 系统安全防护。 加强 Linux 用户网络访问权限安全控制。 加强 Linux 文件系统安全访问。

续表

学习内容	使用安全审计加强 Linux 主机安全。 加强 Linux 系统 DNS 服务安全防御。 使用 Linux 防火墙提升服务器安全防御。 安全管理路由器与交换机。 配置访问控制技术。 实施接入层安全技术。 配置安全路由协议技术。 安装与配置硬件防火墙。 配置防火墙保护网络安全。 实施 VPN 网关接入安全。 提高网络安全故障与设备故障排除。

表 7.33 Asp.Net 安全开发

课程名称	Asp.Net 安全开发		
学期		学时	48
职业能力目标要求	1．专业能力 能掌握 HTML 语言的各种标记。能够掌握 VB.Net 语言程序设计的语法；能够理解并掌握 Asp.Net 的常用服务器控件；能够掌握 Asp.Net 的内置对象；能够掌握 Asp.Net 对数据库的访问；能够掌握 Asp.Net 中的主要数据控件；能够根据网站的实际情况对程序进行配置和优化。 2．技巧（方法）能力 技巧能力既包括职业技巧，也包括生活技巧、社会技巧。这种能力的养成需要学生做到“多看”“多学”“多练”“多思考”“多实践”。要为学生创造各种条件，并引导学生多动手、多思考，在实践中学习掌握，在潜移默化中培养。 3．综合职业能力 综合职业能力是专业能力、社会能力和技巧能力的融合，还包含对职业素质的要求。主要是通过学习领域课程的学习和实践得以锻炼，通过具体的工程项目，让学生在真实、复杂、多变的环境中完成项目任务，逐步培养职业发展力和职业创造力。		
学习目标要求	掌握 HTML 语言基础。 掌握 VB.Net 语言基础。 能够使用 Asp.Net 服务器控件。 能够使用 Asp.Net 内置对象。 能够进行 Asp.Net 数据库访问。 能够使用 Asp.Net 中的主要数据控件。 能够进行 Asp.Net 程序的设置。		

续表

学习内容	Asp.Net 概述。 使用 Visual Studio 2005。 HTML 语言基础。 表格标记。 表单标记。 CSS 层叠样式表。 VB.Net 语言程序设计基础。 Sub 与 Function 过程。 HTML 服务器控件。 Web 服务器控件。 Request 对象。 Response 对象。 Session 对象。 Application 对象。 SQL 语言概述。 控件的数据绑定。 ADO.Net。 Connection 对象。 Command 对象。 DataReader 对象。 DataAdapter 对象。 DataSet 对象。 DataGrid 数据服务控件。 DataList 数据服务控件。 Repeater 数据服务控件。 Asp.Net 程序的安全性。 优化 Asp.Net。

表 7.34 信息安全工程管理

课程名称	信息安全工程管理		
学期		学时	48
职业能力目标要求	使学生较全面地学习信息安全工程与管理基本理论。 掌握信息系统安全管理与工程实施的基本方法。 培养学生信息安全防护意识。 增强信息系统安全保障能力。		

续表

学习目标要求	掌握风险评估的基本理论和信息系统风险评估的基本方法。 掌握风险评估常用方法的使用。 掌握安全策略概念和制定安全策略的方法。 掌握安全策略的制定和评价的方法。 掌握 SSE-CMM 的基本理论。 掌握利用 SSE-CMM 进行安全工程管理的方法。 理解信息系统安全管理理论；掌握各种安全管理的方法。 掌握利用安全管理的理论进行实际系统管理的方法。 掌握灾难恢复的基本理论和方法。 理论安全应急响应的理论体系，掌握应急响应的方法。 学会利用应急响应的基本理论来管理信息系统应对突发事件的方法。 掌握安全运维的基本理论与方法。 掌握安全运维设备的使用方法。
学习内容	风险评估。 安全策略。 安全工程实施。 信息安全管理。 灾难恢复。 安全应急响应。 能够进行信息系统安全运维。

7.3.10 专业群教学团队要求

根据本专业课程体系规划，通过引进、培养专任教师和聘请企业有经验的专职教师的方式，建设一支结构合理、素质优良、产学结合、相对稳定的双师结构的教师团队。

1. 专业生师比

生师比适宜，满足本专业教学工作的需要，一般不高于16:1。

2. 师资队伍结构

师资队伍整体结构应合理，发展趋势良好，符合专业目标定位要求，适应学科、专业长远发展需要和教学需要。专业带头人和专业教师有与本专业相关的专业学习经历或职业工作经历，能够承担本专业的核心课程；能够遵循高职教育教学规律，能够积极参与教学改革，不断提高教学水平。专业带头人和骨干教师要占到教师总数的一半以上，专业带头人应由具有副教授及以上职称的教师担任，要能够站在云计算技术与应用专业领域发展前沿，熟悉行业企业最新技术动态，把握专业技术改革方向；骨干教师要能够根据行业企业岗位群的需要开发课程，及时更新教学内容。

（1）年龄结构合理。

云计算技术与应用专业是一个新的应用型专业，且发展十分迅速，与一些传统专业不同，需要教师具有较强的获取、吸收、应用新知识、新技术的能力。年龄在 50 岁以下的教授与 35 岁以下的副教授分别占教授和副教授的比例要适宜，中青年骨干教师所占比例要高。

（2）学历（学位）和职称结构合理。

具有研究生学历，硕士以上学位和讲师以上职称的教师要占专职教师比例的95%以上，副高级以上专职教师占 60%。

（3）双师比结构合理。

积极鼓励教师参与科研项目研发、到企业挂职锻炼，并获取云计算技术专业相关的职业资格证书，逐步提高双师型教师比例，力争达到 85%。

（4）专兼比结构合理。

聘请既有一定理论水平又有丰富实践经验的企业一线技术人员担任兼职教师、特聘教授等，建立一支稳定的具有执教能力的兼职教师队伍。建议专兼比逐步达到 1:1，以改善师资队伍的知识结构和人员结构。聘请兼职教师承担本专业中实践性强的专业课程，建议承担学时比例达 50%。

3. 教师知识、能力与素质

（1）知识要求。

1）接受过系统的教育理论培训，具备教育学、心理学等知识。

2）必须具备完整的信息安全技术专业理论知识。

3）有两年以上企事业（或政府）信息安全工作经验，熟悉信息安全行业最新动态。

4）取得国家、行业、国际知名企业中高级认证证书，或参加教育部组织的双师型教师培训，获得合格证书。

5）熟悉主流操作系统，以及 TCP/IP 网络体系结构内的常用协议。

6）熟悉 C 语言、Java 或.Net 语言、HTML 语言、TSQL 语言，熟悉网站建设及维护的相关技术。

7）熟悉服务器、网络设备和存储设备，对于数据库存储原理有一定的理解。

8）熟悉常用的信息安全技术原理、实施过程和注意事项。

9）熟悉常用的网络安全系统集成方法、实施过程和注意事项。

10）熟悉常用的数据备份与恢复原理、实施过程和注意事项。

11）熟悉常用的操作系统安全配置方法、实施过程和注意事项。

12）熟悉常用的信息安全产品配置与应用方法、实施过程和注意事项。

13）熟悉常用的计算机取证技术与应用原理、实施过程和注意事项。

14）熟悉常用的网络安全运行与维护方法、实施过程和注意事项。

15）熟悉常用的 Asp.Net 安全开发环境、开发过程和注意事项。

16）熟悉常用的信息安全工程管理方法与技巧、实施过程和注意事项。

（2）能力要求。

1）具备基本的教学能力，能承担专业中专业基础课或专业核心课程中两门以上课程的教学。

2）具有一定的科研能力，能主持应用技术项目的开发。

3）具有较强的教研能力，能够负责专业课程建设和专业实训基地建设等。

4）能够准确判断与排除常见的信息安全系统故障，并进行系统及数据的恢复。

5）能够进行信息安全技术实施与实训指导。

6）能够进行网络安全系统集成实施与实训指导。

7）能够进行数据备份与恢复实施与实训指导。

8）能够进行操作系统安全配置实施与实训指导。

9）能够进行信息安全产品配置与应用实施与实训指导。

10）能够进行计算机取证实施与实训指导。

11）能够进行网络安全运行与维护实施与实训指导。

12）能够进行 Asp.Net 安全开发实施与实训指导。

13）能够进行信息安全工程管理实施与实训指导。

（3）素质要求。

1）拥护党的领导，拥护社会主义，热爱祖国，热爱人民。热爱教育事业，具有良好的师德风范。

2）掌握教育学理论，具备在教学中实施行动导向教学法的能力，灵活运用案例及项目教学法和任务驱动等方法实施课程教学。

3）具有教学设计能力、课堂教学能力、指导学生的能力等较高的教学技能。

4）具备一定的科研素养，特别是应用技术开发与研究方面的素养。

5）具备提高自身专业素质的能力，适应信息安全技术的快速发展。

6）具有较强的敬业精神，具有强烈的职业光荣感、历史使命感和社会责任感，爱岗敬业，忠于职守，乐于奉献。

7.3.11 专业群校内实训基地建设标准

1. 建设仿真企业生产环境的校内“教、学、做一体化”实训室

本着“课程教学理实化、实践场所职业化”的原则，专任教师与企业兼职教师共同根据课程实施的需要设计并建设“教学做”一体专业实训室，重点加强教学功能设计及企业氛围的建设，使学生在校期间能感受企业文化氛围，接受企业

操作规范。

2. 与企业共建“产教融合”的培训体系

依据“环境建设多元化”的方针，企业提供实训项目、管理规范、设备，学校提供场地、人员等，校企共建实训室及生产型教学公司。教学公司兼顾云平台维护和专业教学双重功能，保障生产性实训教学的有效实施，为校内生产性实训和顶岗实习提供保障。与企业共建，确保技术及设备的及时更新，紧跟技术的发展。

3. 建立校内实训基地与学生创新创业团队融合的长效运行机制

目标：“基地建设企业化、师生身份双重化、实践教学真实化、学生团队企业运作化”。

校内实训基地、学生创新创业团队的运行模式：“校企共建、共管” 模式；“项目运作”模式；“教学公司”对外经营开展技术服务模式；学生创新创业“投产化”模式。

管理模式：建立实践教学管理系统，以数字化的方式对实训的各个环节进行监控和管理，实现实训室的开放式管理；依据“科学化、标准化、实用化”的建设原则，建立一整套实训室管理制度及突发事件应急预案等。

4. 校内实训室建设

实训室建设是高职学生能力培养的最重要环节，而实践课是培养学生能力的最佳途径，信息安全技术专业的实训室应能提供真实的实践环境和模拟的企业氛围，从而让学生直观、全方位了解各种设备和应用环境，真正加深对原理、标准的认识。通过实践学习，真正提高学生的技能和实战能力，使学生感受企业文化氛围，具有扎实的理论基础、很强的实践动手能力和良好的素质，这些都是他们将来在就业竞争中非常明显的竞争优势，扩大学生在毕业时的择业范围，对于学生来说具有现实意义。

（1）网络组建实训室。

网络组建实训室应配备中控台及功放系统、多媒体教学系统、投影仪与幕布、白板、交换机、路由器、计算机、网络测试仪及工具、相关软件，用于网络技术基础、交换路由组网技术、操作系统安全、数据备份与恢复等教学和实训。

（2）操作系统安全实训室。

操作系统安全实训室应配备中控台及功放系统、多媒体教学系统、投影仪与幕布、白板、交换机、计算机（工作站）、服务器、操作系统（Windows、Linux）和数据库、软件开发、网页设计等相关软件，用于操作系统安全、数据库安全技术、程序设计基础、网页设计与网站开发等教学与实训。

（3）网络安全攻防实训室。

网络安全攻防实训室应配备中控台及功放系统、多媒体教学系统、投影仪与幕布、白板、交换机（二层、三层）、路由器、Web 应用防火墙、VPN 设备、信息安全攻防竞技平台、上网行为监控流控设备、堡垒服务器、日志服务器、计算机（工作站）、操作系统（Windows、Linux）和数据库等，用于密码学基础、防病毒技术、网络安全设备配置、网络攻防与协议分析、数据库安全、操作系统安全等教学与实训。

（4）Web 安全实训室。

Web 安全实训室应配备中控台及功放系统、多媒体教学系统、投影仪与幕布、白板、交换机、Web 攻防教学实训平台、计算机（双屏）、操作系统软件、数据库软件、Python 编程环境、渗透测试工具、VMware 等相关软件，用于密码学基础、软件编程基础、操作系统安全、数据备份与恢复、Web 安全技术等教学与实训。

5. 校外实训基地基本要求

校外实训基地基本要求为：具有稳定的校外实训基地；能为学生提供安全网络组建与集成、Web 渗透测试、信息系统安全测评、网络安全运维等实训活动。实训设施齐备，实训岗位、实训指导教师确定，实训管理及实施规章制度齐全。

6. 学生实习基地基本要求

学生实习基地基本要求为：具有稳定的校外实习基地；能提供网络安全运维

工程师、Web安全工程师、网络安全系统集成工程师、数据恢复工程师等相关实习岗位，能涵盖当前相关产业发展的主流技术，可接纳一定规模的学生实习；能够配备相应数量的指导教师对学生实习进行指导和管理；有保证实习生日常工作、学习、生活的规章制度，有安全、保险保障。

7. 支持信息化教学方面的基本要求

支持信息化教学方面的基本要求为：具有可利用的数字化教学资源库、文献资料、常见问题解答等信息化条件；鼓励教师开发并利用信息化教学资源、教学平台，创新教学方法，引导学生利用信息化教学条件自主学习，提升教学效果。

7.3.12 顶岗实习标准

通过政府、大（中）型企业集团、行业协会等平台，紧密联系行业企业，多渠道筹措资金，多形式开展合作。在校外实习基地建设中，积极寻求与国内外、区域内大型知名企业开展深层次、紧密型合作，建立与自己的规模相适应的稳定的校外实习基地，充分满足本专业所有学生综合实践能力及半年以上的顶岗实习的需要。发挥企业在人才培养中的作用，由企业提供场地、办公设备、项目和技术指导人员，企业技术人员与教师共同组织和带领学生完成真实项目设计、施工、调试与维护，使学生真正进入企业项目实战，形成校企共建、共管的格局。

校外实习基地的主要功能：有利于学生掌握岗位技能、提高实践能力；满足学生半年以上顶岗实习的需要，从而实现学生在基地的顶岗后就业，有利于学校及时了解社会对人才培养的要求，及时发现问题，有针对性地开展教育教学改革。

校外实习基地有健全的规章制度及基于职业标准的员工日常行为规范，有利于学生在实习期间便养成遵纪守法的习惯，能真正地领悟到团队合作精神，同时能培养学生解决实际问题的能力。

顶岗实习环节是教学课程体系的重要组成部分，一般安排在第六学期，是学生步入职业的开始，制定适合本地实际与顶岗实习有关的各项管理制度。在专兼职教师的共同指导下，以实际工作项目为主要实习任务。学生通过在企业真实环境中的实践，积累工作经验，具备职业素质综合能力，达到“准职业人”的标准，从而完成从学校到企业的过渡。

7.3.13 信息化教学资源建设要求

通过与企业合作，按照云计算工程项目的技术规范、标准、工作流程和高职学生的特点，开展基于工作过程的课程开发与实践，校企双方成员共同确定课程标准、设计教学项目、制定技能考核标准，共同开发电子教案、电子课件、模拟仿真项目、教学视频、学生自主学习资源、实训项目及指导、理论及实践技能测试题库（自动评分）、案例库、课程网站等，形成交互式网络课程，通过专业优质核心课程的建设，带动专业课程的改革，逐步建设成一整套专业教学资源库，全面提高人才培养质量。教学资源库资源建设列表见表 7.35。

表 7.35 教学资源库资源建设列表

二级分类	三级分类	资源内涵和格式要求
课程介绍	课程特色介绍	课程特色介绍文档，图文混排，Word 或 PPT
	课程调研材料	课程建设过程开展市场调研的材料，调研报告、视频、录音等资源
	课程建设总结	阶段性课程建设总结，体现建设内涵、创新点等。Word 格式
	教学日历	授课进度安排
课程介绍	考核评价	课程总体考核评价方案。通常与网络平台使用有关
	学习指南	课程总体学习指南，帮助学生明确学习路径、把握关键点
	教学团队	本校该课程教学团队，反映任课教师基本信息，师资队伍应具备双师结构
	教学环境	本校该课程教学的环境介绍，通常用于网络课程搭建
课程标准	课程标准	课程教学标准，体现教学项目、案例的选用
	教学大纲	课程教学大纲，一般不限定教学项目或案例

续表

二级分类	三级分类	资源内涵和格式要求
课程设计方案	课程总体设计方案	课程教学的总体设计方案，确定项目教学目标、内容和时间等
	学习任务设计方案	学习任务（单元）的教学方案设计，明确教学目标、教学内容、重点难点、教学环境、考核标准、时间分配等要素
	学习活动设计方案	某次课的教学活动设计，给出活动目的、组织形式，资源需求、团队合作模式、提交成果要求等内容。活动方案体现信息化手段运用
课程教案	教案首页	教案首页服务教师使用，提供首页设计文档
	授课 PPT	授课 PPT 兼具助学辅教的功能，应为总结提炼的教学内容要点，反映教学组织
	其他教案	Word、PDF 等格式的教案文本
学习单元	单元教学要求	学习单元（模块或任务）的教学要求描述
	单元重点难点	学习单元（模块或任务）的重点难点描述
	单元学习指南	学习单元（模块或任务）的学习指南，反映资源使用建议等
	单元实训	学习单元（模块或任务）的实训指导，反映实训项目、任务要求、操作步骤、现象记录、数据处理等环节
	单元测验	学习单元（模块或任务）的测验题，即单元测验试卷，以文本的形式呈现
	单元作业	学习单元（模块或任务）的课后作业题，提供适当的题型，以文本的形式呈现
	知识点介绍	知识点描述，突出其特点与重要性
	技能点介绍	技能点描述，突出重难点和注意事项
教学图片	图形图像	教学用图片、照片、图形等资源，资源名称体现资源内涵
	电子挂图	电子书、Flash 格式
教学视频	工程录像	来自企业现场的录像
	微课视频	微课，围绕一个知识点或能力点的 5～10 分钟视频，教师可出镜或不出境。吸引学生、学生乐学是最基本的质量要求
	专题片	与课程部分内容相关的专题片
	说课录像	10 分钟为宜的说课录像

续表

二级分类	三级分类	资源内涵和格式要求
教学视频	教学录像	以单个知识点或者技能点为单位的教学录像，5～10 分钟，多数属于实录
动画课件	动画	SWF、3D、AE 等动画，具有突破难点的显著作用
	网页课件	集成多媒体资源的网页，html 文件，或以 index.html 引导的课程包（文件夹）
	虚拟仿真	采用 AE、Unity3D 等工具制作的仿真实训软件，通常具有教学训测评多重功能
教学软件	作业管理系统	外挂系统，实现作业布置、收缴、批阅、成绩管理功能
	综合实训系统	外挂系统，实现实训教学指导功能
	综合演示系统	外挂系统，实现教学内容的演示功能
辅助资料	项目资料	项目任务书、项目指导书，通常包含评分标准
	教学案例	来自岗位实际的教学案例，提供职业情境和讨论题
	机房教学任务	给定任务要求和样张，提供素材；可以提供操作指导
	活动教学资料	给定任务情境，明确活动目标要求，提供所需素材
	项目经理手册	生产性实训管理用的项目经理手册，完成项目建设过程管理
	企业案例	来自企业的真实案例，有案例解决方案
	工程案例	来自企业的真实工程案例，体现真实工作过程
	名称术语	提供专业领域相关名词、术语
试题库	试题库	以逐题入库的方式，建立起课程试题库，包括主观题和客观题
	试卷库	以试卷为单位，集成的试卷库，文本格式
	技能测试题库	集成大量实操题的试题库，有明确的质量和时间要求，逐题入库或提供文本格式
	习题集	按学习单元设置的包含多种题型的习题的集合
教材讲义	自编讲义	支持校内课程教学改革的未公开发布的教学辅助材料
	校本教材	本校教师编写的公开发行的教材优先选择
	实训指导书	实训指导材料的集合
	参考书目	可供参考的教材书目

续表

二级分类	三级分类	资源内涵和格式要求
网站链接	网络课程网站	网络课程网站网址
	精品课程网站	精品课程网站网址
	企业网站链接	企业网站网址
	技术资源网站	技术资源网站网址
学生作品	优秀课业成果	学生课业报告、相关照片、视频等
	优秀毕业设计	学生毕业设计报告、实物、作品等
	优秀实物作品	学生完成的实物作品照片、说明文档
	优秀创意作品	学生创意作品及相应说明文档

7.3.14 后续学习指导

本专业学生可以参加本科院校的专升本考试，进入普通本科院校学习两年获得相关学位证书，专业面向主要有计算机科学、计算机软件技术、计算机网络技术等普通高校设置的与计算机相关的专业；也可以深入到相关的应用领域，进行高级别的培训认证，具备所需能力后获取相关的中、高级证书。

7.4 产教融合

随着社会经济的转型升级，我国人才培养体系也经历了翻天覆地的变化。为了平衡好社会发展与人才供应之间的关系，相关政府部门颁布了一系列的政策，做了许多的规划，以加快现代教育体系变革的步伐；深化“产教融合、校企合作”的职业教育理念，推动产业的升级以及教学的改革。在社会经济发展中，体现教育机构协同育人的作用。专业群作为现在职业教育的重要延伸，是提升职业教育学校竞争力、实现可持续发展的重中之重。因此，制定“产教融合”视阈下科学合理的专业群建设策略，对我国社会经济转型升级、人才培养效率提升具有现实的指导意义。

“产教融合”是我国高等职业教育改革的重点，将高等职业院校的教学工作由规模型发展转变为内涵型发展。“产教融合”是指企业或行业与职业院校相互协作、相互融合而形成的教学整体。对比传统教学模式，“产教融合”的教学模式可以有效解决高职院校教育教学与社会实际不一致的问题，帮助学生提高社会实践的能力、专业理论知识的掌握程度和实际工作的适应能力，还可以促使职业学校和企业之间的深度合作与协同发展。职业教育的“五个对接”是职业学校与企业进行产教融合应遵循的重要原则：首先，“产教融合”教学模式的基本出发点就是专业设置与产业需求相对接；其次，“产教融合”教学模式的重点是课程内容与职业标准相对接；再次，“产教融合”教学模式的特点是教学过程与生产过程相对接；最后，“产教融合”教学模式的契机是学历证书与资格证书相对接、职业教育与终身教育相对接。依据以上关键点，职业院校要遵循“产教融合、校企合作”的理念，改革专业群体系建设。

7.5 “三教”改革

7.5.1 教师——专业群教师校企双栖互聘

校企双栖互聘指的是学校以全面增强人才培养质量和服务区域经济水平为宗旨，与企业签订合作协议，规定校企双方互派人员到对方单位进行实际工作，发挥专职教师与兼职教师的组合优势，进而形成培养“双师型”教师、打造“双师型”教师团队的长效机制。双栖互聘人员具有双重身份，在校企两方均有岗位职务、实际任务和相应待遇。

重庆电子工程职业学院信息安全技术应用专业群针对师资建设制定了专业群教师校企双栖互聘方案，运行效果不错。具体方案如下。

专业群教师校企双栖互聘办法（案例）

第一章 总则

第一条 为认真贯彻落实《国务院关于加快发展现代职业教育的决定》精神，切实加强专业群教师校企双栖互聘管理工作，进一步促进校企深度融合，共同培养适应社会经济发展需要的高素质技术技能人才，特制定本管理办法。

第二条 校企双栖互聘是指通过签订校企合作协议，以全面提升人才培养质量和服务企业能力为宗旨，校企合作双方互相选派人员、双向兼职、双重身份，使兼职人员有岗位职务、有工作职责、有具体任务、有相应待遇、有锻炼提高，充分发挥专兼职教师的组合优势，形成“双师”素质培养和“双师结构”专业群教学团队建设的长效机制。

第三条 校企双栖互聘是加强学院专业群教学团队建设的重要举措，每个专业方向的课程模块教学团队至少有 1 名在行业、企业有影响的专业技术人员或管理人员兼任系部成员。

第二章 互兼互聘协议的签订

第四条 校企双栖互聘合作单位由各系部遴选、协商后确定。各系部也可根据专业群教学团队建设要求，选择具有一定规模，生产技术、管理水平在本行业中处于先进水平，与学院合作关系密切的企业作为双栖互聘的合作单位。

第五条 校企双栖互聘协议书按学院规定的程序审批后，由学院与合作企业签订。协议包括兼职人员的互聘，兼职人员职务及职责，兼职人员考核及管理，兼职人员待遇等内容。通过校企双方的组织行为，对等互聘对方人员，统筹安排兼职人员的工作，使兼职人员妥善处理好本职工作和兼职工作的关系，保证兼职人员的工作成效和学院正常的教学秩序。

第六条 校企双栖互聘的人选由各系部与合作单位协商后申请，会同教务科、办公室研究提出意见，报院分管领导审核、院长审批并加盖学院公章后，送合作单位盖章。校企双栖互聘人员由校企双方各自颁发聘书，签订兼职聘任合同，明确具体职务、工作职责、项目任务等。

学院各系部根据专业方向课程模块教学团队建设要求和企业的实际需要，推荐、选派具有中级及以上职称、专业技术水平高、研发能力强、富有团队精神的专业带头人、骨干教师，由企业聘请其兼任技术负责人、部门领导等岗位职务，承担具体的技术、管理工作。

企业根据学院专业群人才培养需要，推荐、选派具有本科及以上学历、中级及以上职称，业务素质好、表达能力强、经验丰富、具有教学能力的专业技术骨干、管理专家等，由学院聘请其兼任系部成员，承担专业群建设工作。

校企双方可根据实际情况协商调整、轮换兼职人员。

第七条 兼职人员聘期由校企双方根据工作需要协商确定。

学院可以根据专业群建设、教学团队建设、校内实训基地建设等工作需要，确定企业兼职人员的聘期，一般为1～3年。

企业可以根据产品生产、技术改造、技术服务、生产经营管理等具体项目、工作任务需要，确定学院兼职人员的聘期，一般为1～3年。

兼职人员聘期内工作时间可根据工作特点，实行脱产与半脱产结合、固定工作时间与弹性工作时间相结合等形式，原则上每周到对方单位工作的时间不少于1天。学院兼职人员还可根据合作企业的实际需要，利用寒暑期时间完成兼职工作任务。

第三章　兼职人员工作职责

第八条　企业兼职人员工作职责：

指导和参与制定专业群建设规划、人才培养方案，共同推进专业课程体系和实践教学体系改革。

指导和参与人才培养模式改革以及专业群核心课程建设和教材建设等各项教育教学改革工作，共同提升人才培养质量。

指导和参与制定专业群教学团队建设规划，协助安排专业教师到企业顶岗挂职，协助聘请企业兼职教师到学院承担教学任务。

指导和参与制定校内生产性实训基地建设方案以及学生实习实训计划、实习实训指导书和相关管理制度，协助引入生产性实训项目，协助安排学生到企业顶岗实习。

根据职业资格标准和企业工作要求，指导和参与教学过程管理和教学结果评价，形成由企业参与的教学质量监控体系。

第九条　学院兼职人员工作职责：

指导和参与校企联合申报各级各类科研项目，为企业科研工作提供理论或技术上的指导、咨询，帮助开展科研项目的调研、论证、评估等工作。

指导和参与企业的技术、管理工作，协助企业开展产品研发、技术开发、技术服务以及市场调研、营销策划、生产经营管理等工作。

指导和参与企业制定员工培训计划，充分利用学院专业教学资源，协助企业做好岗位培训、技术培训、生产经营管理培训等工作。

指导和参与校企联合开展专利技术研究、开发、申报，协助企业将专利技术转化为生产力，提高企业经济效益。

根据学院专业实践性教学需要，指导和参与企业建立校外实训基地，协助企业安排、管理学生的顶岗实习。

第四章　兼职人员的待遇

第十条　企业兼职人员的待遇：

企业兼职人员除履行规定的工作职责外，如果还承担相应的教学工作、指导学生竞赛或讲座，其课酬参照相应标准发放。

企业兼职人员可参加学院组织的相关考察、学习、交流活动，也可主持或参与学院的科研团队、科研及技术服务机构，或以学院名义申报科研项目、完成科研任务，并按学院相关规定享受科研经费资助和奖励。

对于兼任系部成员 3 年以上、为学院专业群建设做出贡献、聘期考核为“优秀”的企业兼职人员，学院可长期聘任。年龄在 45 周岁以下，根据学院实际需要和有关规定，经本人申请，可按规定程序优先聘为学院专任教师。

第十一条　学院兼职人员的待遇：

学院兼职人员在完成学院规定的教学工作量的前提下，可不再增加教学工作量；企业兼职年度考核为“合格”的可认定为完成学院规定的年度到企业顶岗挂职任务，享受暑假期间教师顶岗挂职津贴（按 33 个工作日计算，下同）。

各系部负责与合作企业协商，给予学院兼职人员相应的工作津贴，并根据其主持或参与项目任务取得的成果给予相应的奖励。对于符合学院科研管理规定的科研及技术服务成果，学院也将给予相应的奖励。

第五章　兼职人员的管理与考核

第十二条　校企双方共同确定兼职人员工作任务，明确具体考核要求。兼职人员根据要求制定工作计划、预期物化成果。校企双方联合对兼职人员在兼职期间的工作情况进行管理、考核。

第十三条　兼职人员的考核为年度考核。

兼职人员需在每学年末提交年度考核表或工作总结、阶段性成果等有关材料，由校企双方相关部门（学院为系部）按具体考核要求进行考核，提出考核意见，确定考核等级。年度考核等级分为合格、不合格，考核等级为“不合格”的，校企双方将终止兼职聘任合同，更换兼职人员。

第十四条 校企双方根据实际情况为兼职人员建立工作室，配备必需的办公用品，提供必需的教学资料、科研资料，创造必要的工作条件，以利于开展工作。

第十五条 企业兼职人员要定期参加专业教研活动和职业教育理论培训，掌握职业教育规律，熟悉职业学生特点，将自己丰富的实践经验与专业建设、课程教学有机融合，努力提高工作质量。

第十六条 学院兼职人员要定期参加技术研发、生产经营等相关会议、活动，掌握企业的生产技术、经营管理等规律和特点，将自己丰富的理论知识与企业工作有机融合，努力提高工作质量。

第六章 附则

第十七条 校企双栖互聘过程中如遇未尽事宜，将另作补充规定。

7.5.2 教材——校企“双元”合作开发新型活页式、工作手册式教材建设

为贯彻党中央、国务院关于加强和改进新形势下大中小学教材建设的意见，全面加强党的领导，落实国家事权，规范和加强职业院校教材管理，打造精品教材，切实提高教材建设水平，根据《中华人民共和国教育法》《中华人民共和国职业教育法》《中华人民共和国高等教育法》等法律法规和教育部《职业院校教材管理办法》，结合实际，重庆电子工程职业学院制定了学校教材建设与管理办法，促进校企“双元”合作开发新型活页式、工作手册式的教材建设，同时，还规范了教材使用、选择和管理步骤，为双高专业群建设保驾护航。该校教材建设与管理办法涉及以下几大方面：教材规划、编写、编写审核、教材选用、选用审核、教材评价与监督、发放。具体内容如下。

学校教材建设与管理办法（案例）

第一章　总则

第一条　为贯彻党中央、国务院关于加强和改进新形势下大中小学教材建设的意见，全面加强党的领导，落实国家事权，规范和加强职业院校教材管理，打造精品教材，切实提高教材建设水平，根据《中华人民共和国教育法》《中华人民共和国职业教育法》《中华人民共和国高等教育法》等法律法规和教育部《职业院校教材管理办法》，结合实际，制定本办法。

第二条　本办法所称“教材”，是指供高等职业学校课堂和实习实训使用的教学用书，以及作为教材内容组成部分的教学材料（含教师推荐的教学参考书、配套教学图册、音像资料、电子图书等）、本校教师自编讲义（含实验指导书等）。

第三条　教材必须体现党和国家意志。坚持马克思主义指导地位，体现马克思主义中国化要求，体现中国和中华民族风格，体现党和国家对教育的基本要求，体现国家和民族基本价值观，体现人类文化知识积累和创新成果。全面贯彻党的教育方针，落实立德树人根本任务，扎根中国大地，站稳中国立场，充分体现社会主义核心价值观，加强爱国主义、集体主义、社会主义教育，引导学生坚定道路自信、理论自信、制度自信、文化自信，成为担当中华民族复兴大任的时代新人。

第四条　思想政治理论课教材，以及其他意识形态属性较强的教材和涉及国家主权、安全、民族、宗教等内容的教材，实行国家统一编写、统一审核、统一使用。专业课程教材在学校规划和引导下，注重发挥行业企业、教科研机构和各二级部门的作用，更好地对接产业发展。

第二章 管理职责

第五条 学校严格执行国家和地方关于教材管理的政策规定，健全内部管理制度，选好用好教材。学校党委（党组织）对本校教材工作负总责。

第六条 学校教材工作委员会是教材管理的决策机构，下设学校教材工作专家库（包括相关学科专业领域专家、教科研专家、一线教师、行业企业专家等）。负责指导、监督教材编写和选用工作，审议教材编写规划和选用计划，参与教材选用质量评价，研究、处理学校教材选用工作中的其他重大事项。

第七条 教务处负责贯彻和落实教材选用和管理的各项政策，组织处理教材管理工作的日常事务，协调解决教材审核、规划、编写、选用和发放中的具体问题。

第八条 二级学院及其所在党组织是教材选用的责任主体，对编写和选用教材的政治立场、价值导向和科学性进行把关。组织二级学院教材工作委员会负责本学院使用的教材的审核、规划、编写和选用工作。

第三章 教材规划

第九条 学校对本校教师准备在校内使用的自编教材编写实行学校、二级学院两级规划制度，教师对外承接的不在本校使用的教材不属于本规划范畴。二级学院根据专业发展和人才培养实际需要，结合国家规划教材建设情况，制定二级学院教材建设规划，经二级学院党政联席会审定通过后报学校教务处。学校教务处根据各二级学院上报的二级学院教材建设规划，组织教材工作委员会制定学校教材建设规划，报学校党委会审定通过后发布。

第十条 教材规划要坚持正确导向，面向需求、各有侧重、有机衔接，处理好落实共性要求与促进特色发展的关系，适应新时代技术技能人才培养的新要求，服务经济社会发展、产业转型升级、技术技能积累和文化传承创新，并根据人才培养实际需要及时补充调整。

第四章　教材编写

第十一条　教材编写依据学校教材建设规划以及国家教学标准和职业标准（规范）等，服务学生成长成才和就业创业。教材编写应符合以下要求：

（一）以马克思列宁主义、毛泽东思想、邓小平理论、“三个代表”重要思想、科学发展观、习近平新时代中国特色社会主义思想为指导，有机融入中华优秀传统文化、革命传统、法治意识和国家安全、民族团结以及生态文明教育，弘扬劳动光荣、技能宝贵、创造伟大的时代风尚，弘扬精益求精的专业精神、职业精神、工匠精神和劳模精神，努力构建中国特色、融通中外的概念范畴、理论范式和话语体系，防范错误政治观点和思潮的影响，引导学生树立正确的世界观、人生观和价值观，努力成为德智体美劳全面发展的社会主义建设者和接班人。

（二）内容科学先进、针对性强，内容积极向上、导向正确，作者历史评价正面，有良好的社会形象。公共基础课程教材要体现学科特点，突出职业教育特色。专业课程教材要充分反映产业发展最新进展，对接科技发展趋势和市场需求，及时吸收比较成熟的新技术、新工艺、新规范等。

（三）符合技术技能人才成长规律和学生认知特点，对接国际先进职业教育理念，适应人才培养模式创新和优化课程体系的需要，专业课程教材突出理论和实践相统一，强调实践性。适应项目学习、案例学习、模块化学习等不同学习方式要求，注重以真实生产项目、典型工作任务、案例等为载体组织教学单元。

（四）编排科学合理、梯度明晰，图、文、表并茂，生动活泼，形式新颖。名称、名词、术语等符合国家有关技术质量标准和规范。原则上开发活页式、工作手册式新形态教材。

（五）符合知识产权保护等国家法律、行政法规，不得有民族、地域、性别、职业、年龄歧视等内容，不得有商业广告或变相商业广告。

第十二条 教材实行单位编写制。学校负责组织编写团队，审核编写人员条件，对教材编写修订工作给予协调和保障。编写团队应具备以下条件：

（一）有熟悉相关学科专业教材编写工作的专业团队，能组织行业、企业和教育领域高水平专业人才参与教材编写。

（二）有对教材持续进行培训、指导、回访等跟踪服务和研究的专业团队，有常态化质量监控机制，能够为修订完善教材提供稳定支持。

第十三条 教材编写人员应经所在二级部门组织审核同意，并由学校集中公示。编写人员应符合以下条件：

（一）政治立场坚定，拥护中国共产党的领导，认同中国特色社会主义，坚定“四个自信”，自觉践行社会主义核心价值观，具有正确的世界观、人生观、价值观，坚持正确的国家观、民族观、历史观、文化观、宗教观，没有违背党的理论和路线方针政策的言行。

（二）熟悉职业教育教学规律和学生身心发展特点，对本学科专业有比较深入的研究，熟悉行业企业发展与用人要求。有丰富的教学、教科研或企业工作经验，一般应具有中级及以上专业技术职务（技术资格），新兴行业、行业紧缺技术人才、能工巧匠可适当放宽要求。

（三）遵纪守法，有良好的思想品德、社会形象和师德师风。

（四）有足够时间和精力从事教材编写修订工作。

编写人员不能同时作为同一课程不同版本教材主编。

第十四条 教材编写实行主编负责制。主编主要负责教材整体设计，把握教材编写进度，对教材编写质量负总责。主编须符合本办法第十三条规定外，还需符合以下条件：

（一）坚持正确的学术导向，政治敏锐性强，能够辨别并自觉抵制各种错误政治观点和思潮。

（二）对本学科专业有深入研究、较高的造诣，或是全国知名专家、学术领军人物，有在相关教材或教学方面取得有影响的研究成果，熟悉相关行业发展前沿知识与技术，有丰富的教材编写经验。一般应具有高级专业技术职务，新兴专业、行业紧缺技术人才、能工巧匠可适当放宽要求。

（三）有较高的文字水平，熟悉教材语言风格，能够熟练运用中国特色的话语体系。

审核通过后的教材原则上不更换主编，如有特殊情况，编写团队应报主管部门批准。

第十五条 教材编写团队应具有合理的人员结构，包含相关学科专业领域专家、教科研人员、一线教师、行业企业技术人员和能工巧匠等。

第十六条 教材编写过程中应通过多种方式征求各方面特别是一线师生和企业意见。教材编写完成后，应送一线任课教师和行业企业专业人员进行审读、试用，根据审读意见和试用情况修改完善教材。

第十七条 教材投入使用后，应根据经济社会和产业升级新动态及时进行修订，一般按学制周期修订。

第五章 教材编写审核

第十八条 教材编写实行分级分类审核，坚持凡编必审。由教材工作委员会组织熟悉职业教育和产业人才培养需求的专业机构或专家团队进行审核认定。

第十九条 教材审核人员应包括相关学科专业领域专家、教科研专家、一线教师、行业企业专家等。审核专家应符合本办法第十一条（一）（二）（三），第十二条（一）（三）规定的条件，具有较高的政策理论水平，客观公正，作风严谨，并经所在单位党组织审核同意。

实行教材编审分离制度，遵循回避原则。

第二十条 教材审核应依据学校教材建设规划以及课程标准、专业教学标准、顶岗实习标准等国家教学标准要求，对教材的思想性、科学性、适宜性进行全面把关。

政治立场、政治方向、政治标准要有机融入教材内容，不能简单化、“两张皮”；政治上有错误的教材不能通过；选文篇目内容消极、导向不正确的，选文作者评价或社会形象负面的、有重大争议的，必须更换；教材编写人员政治立场、价值观和品德作风有问题的必须更换。

除统编教材外，教材审核实行盲审制度。

第二十一条 公共基础必修课程教材审核一般按照专家个人审读、集体审核环节开展，重点审核全套教材的编写思路、框架结构及章节内容。应由集体充分讨论形成审核结论。审核结论分“通过”“重新送审”和“不予通过”三种。具体审核程序由负责组织审核的机构制定。

实用技能类教材可适当简化审核流程。

第二十二条 新编或修订幅度较大的公共基础必修课程教材应选聘一线任课教师进行审读和试用。审读意见和试用情况作为教材审核的重要依据。

第六章 教材选用

第二十三条 思想性原则。严禁选用存在政治立场、价值导向和科学性等方面问题的教材，慎用国外原版教材。思想政治理论课必须使用国家统编的思想政治理论课教材、马克思主义理论研究和建设工程重点教材。

第二十四条 适应性原则。选用教材应符合国家相关法律法规，满足学校办学层次、人才培养目标和课程教学大纲的要求，体现学校办学特色。不允许跨越学生类别选用教材（高职高专课程不能选用中专教材、本科教材和研究生教材）。不得以岗位培训教材取代专业课程教材，原则上不允许使用国外原版教材，谨慎选择专题性学术专著作为教材。

第二十五条 选优性原则。优先选用省部级及以上规划教材或获奖教材、教育部各专业教学指导委员会推荐教材。公共基础类课程、学科专业核心课程优先选用国家和省级教育行政部门发布的规划教材目录中的教材。若国家和省级规划目录中没有的教材，应优先在职业院校教材信息库选用。专业课教材的版次时间原则上距离教材选用时间不超过 3 年，其他教材原则上不超过 5 年。严禁选用包销教材、已被教指委否决过的教材。

第二十六条 同一性原则。凡教学大纲要求相同的课程应当选用同一书号和版次的教材。教材选用应保持相对稳定，在培养计划、教学内容等无较大变化的情况下，不可因课程负责人、任课教师变动或其他原因而随意更换教材。

第二十七条 节约原则。一门课程原则上只能选用一部教材，不允许征订教材参考书及其他教参。

第二十八条 凡选必审原则。选用的教材必须是已正式出版发行并通过审核的版本，擅自更改内容的教材不得选用，未按照规定程序取得审核认定意见的教材不得选用。存在教育部《职业院校教材管理办法》第九章第三十八条所列情形的教材一律不得选用。

第二十九条 教材选用程序

（一）教材申请。每学期期中，学校启动下一学期的教材选用工作。课程负责人组织任课教师选择教材，二级学院及其所在党组织审核教材，确定教材选用计划，整理、汇总相关材料，提交教务处。同时在教务系统中完成教材信息录入与审批流程。

（二）教材审定。教务处汇总各二级学院提交的教材选用计划，连同本校教师编写的公开出版教材，经党委宣传部审核后，提交学校教材工作委员会审定。审定通过的，允许选用，并上报主管教育行政部门备案，且不得擅自更改；审定不通过的，按程序重新选用。

第三十条 教学任务中所开课程，均应选用教材。未按要求选用的教材一律不得发布和使用。选用的教材因改版、出版社库存不足等原因，导致无法供应的，相关二级学院应重新选择。严禁盗版教材、盗印教材进入课堂。

第七章　教材选用审核

第三十一条　实施教材选用学院审核备案制度。开课学院应加强教材选用管理制度建设，根据学校教材选用原则，组织专家实施教材选用审核制度，审核通过的教材应及时做好备案工作。教学副院长、系部主任、专业负责人、教务科长应严格把关，杜绝任课教师未经学院审核同意，擅自选定教材的现象。

第三十二条　实施教材出版统计和年报工作。学校每年年初开展一次由我校教师任第一主编出版、供全日制普通高等职业院校教学使用的教材统计工作，不断完善教材资料信息库，积极开展新教材的宣传和优秀教材推荐选用工作。相关学院应确保填报数据全面准确、真实有效。

第三十三条　实施教材使用督查制度。学校将定期或不定期地组织专家对学院教材选用工作进行监督检查。

第八章　教材评价与监督

第三十四条　所有教材（两课类教材除外）均应进行质量评价，质量评价以学生评价为主。教材评价作为学生评教内容的一部分，在教务系统中进行。

第三十五条　教材评价标准。

（一）教材取材合适，深度适宜，分量恰当，全面、准确地阐述本课程的基本理论、基本知识和基本技能，符合认知规律，富有启发性，有利于激发学生学习兴趣，有利于学生知识、能力和素质的培养。

（二）教材能反映本学科国内外科学研究和教学研究的先进成果，正确阐述本学科的科学理论，完整表达课程应包含的知识，结构严谨，理论联系实际，具有学科发展上的先进性和教学上的适用性。

（三）教材文字精练，语言流畅，文图配合恰当，图表清晰准确，符号、计量单位符合国家标准。加工、设计、印刷、装帧水平高，价格合理。

第三十六条 教材的评价结果是下一学期及以后教材选用的主要依据；教材选用质量与二级学院年度考核挂钩。

第九章 教材发放

第三十七条 学校通过招标选定教材供应商，教材供应商负责教材的采购(印刷)、发放与费用结算。

第三十八条 党委学生工作部负责组织辅导员引导学生按照教务处指定的方式订购教材。

第三十九条 学生可自主选择是否订购教材，但订购的教材必须按时领取。

第四十条 在教材采购过程中，如因教材停版或其他非教材供应商可控因素可能导致课前无法到书，教务处及时与教材选用教师沟通，协商解决办法。

第四十一条 学生教材发放时间、地点由教务处根据教学安排提前通知。

第四十二条 教材供应商向学生发放教材时，应提供教材清单，并按照约定的收费标准收取教材费。

第四十三条 除因教学计划调整、错发或缺页、倒页等质量问题，教材一经发出，原则上不予退换。

第四十四条 教务处、党委学生工作部和安全管理处积极协调、解决教材发放过程中出现的问题，做好引导和安全管理，保障正常教学秩序。

第四十五条 每学期教材供应结束后，教务处组织师生对教材供应商的服务态度、服务质量、课前到书率、教材和包装质量、信息沟通、应变服务等进行评价，作为下一轮遴选供应商的依据。

第十章 附则

第四十六条 任何单位和个人不得违规干预教材选用，或采取非正当竞争手段扰乱教材选用秩序，或强制学生预订、购买教材。

第四十七条 凡违反本办法有关要求，致使选用教材出现意识形态、法律法规、知识产权等方面错误的，或漏订、错订以及其他不良后果的，按重庆电子工程职业学院《教学出错与教学事故处理办法》进行处理；情节严重、涉嫌构成犯罪的，移送司法机关处理。因此产生的影响或损失由相应责任单位、责任人承担。

第四十八条 本办法从发布之日起开始施行，未尽事宜由教务处负责解释。其他文件规定有与本办法不一致的，以本办法为准。

7.5.3 教法——进一步深化教法改革

1. 因材施教，推进分层分类教学改革

高职院校生源包括普通招生、对口单招、单独招生、注册招生和“3＋2”专本衔接五种类型，各类学生特点、自身综合能力以及职业发展需求各有不同，给教学带来巨大的挑战，因此，对学生进行分层分类培养十分必要。具体做法包括：

一是立足职业岗位需求，实施分类培养。组建包括行业、企业、学校三方成员的专家小组，调研和分析最新行业人才需求，确定专业开设的方向，分类制订各个方向的人才培养方案，明确不同专业方向的人才培养目标和课程设置，学生根据个人兴趣和职业发展规划选择自己的专业方向。

二是着眼学生差异性，实施分层教学。对于高等数学、大学英语等通识课程，综合考虑学校师资、学生规模和学生职业发展规划等因素，以所有学生为对象，采用综合考核，实施分层教学；对于专业课程，以专业群为单位，结合学生职业发展需求、学习基础、相应职业岗位知识和技能要求等因素，实施分层教学。在实施过程中，将教学划分为B、T两层，其中B为达标层，符合专业基本培养目标要求和基本职业岗位要求；T为提高层，满足学生升学、高级别认证和较高职业岗位需求。针对B、T两层，编写不同的课程标准。同时，结合实际情况，灵活实施“异层同班”“同层同班”、第二课堂、工作室等多种形式的分层教学改革。

三是建立健全分层分类教学质量保障机制。制定完善的学校和二级学院两级教学运行管理制度和教学监控机制，制定相应的激励办法，从而保障分层分类教学改革的成效。

2. 面向职业岗位要求，进行项目化教学改革

在整合课程教学内容时，要根据典型职业岗位的典型工作任务来进行教学项目设计，从而促进学生职业技能水平的提高和职业素养的提升。具体做法如下：

一是教学项目设计加强针对性。以继续深化“产教融合”、加强校企合作为基础，校企双方合作开展调研工作，分析当前的职业岗位能力要求、岗位知识素养和技术技能要求，归纳总结设计出一套典型的工作任务，并转化形成学习任务；再根据当前高等职业教育院校学生学习特点和规律，把学习任务转化设计成教学任务，从而加强课程教学的目的性、针对性和实用性。

二是构建项目化教学师资团队。组建一支包括行业和企业专家的项目化教学师资队伍，其中企业人员负责全流程参加课程的项目化设计、实施和考核，有效将项目化教学内容同当前职业岗位能力要求相对接，让项目化教学落地卓有成效。

三是加强项目化教学改革的配套基础设施建设。参照开展工程项目的流程，首先由教师团队编写项目总体设计方案、任务书和考核表，配套撰写工作操作手册，任务结束时要由学生负责编写任务实施报告；同时还要建成数字化资源与项目化课程相配套，从而保证顺利完成项目化教学任务。

四是探索实践项目化教学模式。根据实际工作生产环境要求，把专业教学内容和职业岗位需求紧密结合，而不是采取传统学科教学模式。让学生能够将理论付诸实践，在学中做、做中学，“教学做”有机结合，在项目任务实施的过程中，不断提高职业素养，提升职业岗位能力水平。

五是改革项目化教学考核评价体系。传统的考核评价体系，偏重理论考核和结果性考核，项目化教学考核评价体系则应该结合过程性考核和结果性考核，并且侧重过程性考核；考核主体多元化，包括学生、教师和企业专家；实践考核多维度，更注重考核学生职业素养。

3. 运用新一代信息技术，创新信息化教学模式

顺应新一代信息技术的发展，满足学生职业发展个性化需求，加强精品课程资源建设，实践和创新线上线下混合的教学模式，使人才培养质量得以提高。

一是深入推进实行信息化教学，加强资源建设和储备。在国家专业教学资源建设和在线课程项目建设的基础上，根据资源建设要求，深入开展课程资源建设、优化和整合工作。

二是提升教师信息化教学水平。以教师信息化大赛为契机，通过鼓励教师积极参与，检验教师信息化水平，锻炼教师信息化教学能力，进而改进带动信息化教学改革。

三是探索和实践“两维三段”线上线下混合式教学模式。以学生为中心，发挥教师的主导作用，从学生和教师两个维度出发，创新 MOOC 环境下的教学模式改革[①]。按照课前、课中、课后三个阶段将教学过程分段实施，明确每一阶段教师和学生的任务，在确保教学过程完整性的同时，也可以提高课堂教学质量和效果。

此外，通过运用信息化手段，还能更好地辅助教师熟悉和掌握学生学习情况，从而优化教学方案，并以此作为推广借鉴的典型案例。

最后，通过采用先进的信息化技术，可以开发出实用性强的教学辅助工具软件，采取游戏闯关的方式，可以增添学生专业知识学习和专业技能学习的趣味性；运用虚拟现实技术，模拟仿真实际工作流程和工作环境，可以加深学生对专业知识的理解，增强职业技能的实践操作能力。

7.6 课程改造情况

合理的、相对稳定与动态更新相结合的课程教学体系是培养具有创新精神和

---

① 姜福祥．“五对接”课证融通教学模式研究[J]．电脑知识与技术，2020，16（32）：130-131，153．

创业能力的人才基石，课程体系构建主要是确定合理的培养目标和规格以及确定实现培养目标和规格的课程体系；合理的课程体系包括专业课程、人文社会类课程、实践类课程等内容[①]。在进行课程体系构建的时候，要注意以下几点。

7.6.1 明确学校背景，做好背景分析

第一，要研究学校的课程历史背景。学校的课程历史背景对当前的课程体系建设起到方向性、全局统领性作用，所以在做学校课程历史背景分析时，应该抓住学校经历的几个重要历史阶段进行分析，重点研究借鉴重要历史阶段的课程建设特点。

第二，要对学校生源背景进行分析。对于学校来说，学生是基本，那么学校课程体系的建设便是以培养学生为根本。学生的现实状况是课程体系构建的基础，必须经历充分的调查研究后才能构建适合学生发展与成才路径的课程体系。生源分析包括几个方面的内容：人际关系、责任意识、性格特点；时间管理、情绪控制、非认知发展；学习风格、学习习惯、认知规律；受教育情况、生活环境、生活习惯；特长爱好、职业规划、职业意愿等。对生源背景进行了透彻分析之后，可以为课程体系构建提供时代特征元素，便于制定体系者制定出符合当下时代背景的课程体系。

第三，要对教师状况背景进行分析。好的课程一般是三分设计七分实施，只有在充分分析教师状况的情况下，才能设计出好的课程体系。在传统教育教学理念中，师资力量建设偏重教师本身的学科基本素养和教学素养的培养，缺少课程素养的培养。为了更好地对教师队伍进行更为精准的培养和培训，必须要更加注重教师自身的发展需要，掌握教师状况，充分保障课程体系的构建。

第四，要对区域位置背景进行分析。从某种程度上看，区域位置可以决定一所学校的课程资源数量。通过分析研究发现，一所学校所在的经济圈和社会圈，

---

① 张延吉．课程体系构建的思考[J]．城市建设理论研究（电子版），2012（35）．

与学生未来的就业圈高度重合。以学校为圆心，就可以画出一所学校不同半径的课程资源圈，比如和企业合作开发构建的课程资源情况。这也提醒高职院校，应该还要特别重视和社区之间的进行互动交流，未来将会对学生的社会性培养发展产生一定影响。

第五，要对社会期待值背景进行分析。这一方面能够衡量一所学校的价值，社会期待值高的高校，一般课程体系设置与社会紧密相连，对社会贡献度较高。当然，社会期待值通常会取决于两个方面：一个是家长对这所学校的期待；另一个是这所学校的品牌效应和社会价值。我们可以这样理解：社会期待值所体现的方方面面，是学校进行课程体系建设的重要参考因素。

7.6.2 建立课程哲学，制定出有机结合的“育人整体”课程体系

一所优质学校应该有自己的课程体系。学校要构建以特定课程哲学为基础的课程整体，构建一个和课程紧密联系、逻辑层次清晰的“育人整体”。课程哲学可以理解为教育哲学的分支，它是在课程深入理解的基础上形成的高度概括，关注学生自身发展的价值追求，是一种学校发展进步的精神力量。目前大部分人赞同一个观念：学生在人生旅程中，不可避免地经历了各种“课程”，可以通过“课程”进行人生经验的累积、阅历的提升、自身综合素质的提高。课程对学生而言，不但包括课堂，也包括课外。基于此，许多学校在构建自己的课程哲学时，都渴望于表现学校的教育哲学。对于学生来说，其在学校里的成长核心在于课程带来的影响，课程的影响力将决定学校的影响力。学校在构建课程体系时，应该考虑以为学生创造更加多元、更有个性特点的成长学习环境、资源和服务为目标，构建出有活力特色、更多选择的课程体系，激发学生学习动力和自身潜能，释放学习热情，从而更好地实现院校为学生设立的人才培养目标。

7.6.3 建设分类和分级的课程结构，构建具有均衡性、综合性和选择性特征的课程体系

课程结构是课程体系质量好坏的决定性因素。“学校的影响力，取决于课程的影响力；学校的创造力，取决于课程的创造力；学校的生命力，取决于课程的生命力。这三种力量的体现主要取决于课程结构。[①]”课程结构是将不同的类别、不同课程功能的课程进行有机组合的一种课程组合方式。因此，从宏观角度看，领域就是把相同功能的课程划为一类，课程结构就是把不同领域的课程有机组合。优秀的课程结构要有三个基本特点，分别为综合性强、均衡性好、选择性多。综合性强表现为学科设立综合性强、理论课程综合性强和课程实践活动综合性强三方面；均衡性好表现在学校课程体系设置过程中，将课程内容、课程类型和具体科目保持合理适当的比例；选择性多，是指学校的课程体系能够满足地方经济社会的发展需求的同时，又兼具灵活性，具备选择性多的特点，体现出学校的发展建设特色，同时又能满足学生个性发展需要。

7.6.4 课程研发是课程体系建设的核心内容，一般具有丰富性、层次性和综合性

课程的设置一般都是预设的，并不是随意生成的。在进行课程体系建设时，需要结合人才培养方案体系来构建，一般可以从丰富性、层次性和综合性三个方面来衡量一所学校课程建设的优劣。第一是丰富性。丰富性是选择性的前提条件，为了满足学校学生成长过程中的个性化发展需求，必须在每个领域都要充分考虑个性化因素，多开设几门课程为学生提供选项。同时还要注意，提供更多选项、加强了丰富性之后，就要特别注意教育引导，避免出现盲目性、从众性选择现象，

---

① 麦秀芬．基于服务茉莉花产业发展的课程体系构建与实践研究[J]．魅力中国，2018（14）：193-194．

这就违背了丰富性的初衷。第二是层次性。相比丰富性在不同领域进行横向兼顾，层次性则从学习能力循序渐进、接续提高的纵向角度进行课程建设。不但要在国家课程建设标准框架内完成学生教学课程任务，还要兼顾满足为不同学习能力的学生提供更深层次、更多方面或者更快进度的学习需求。第三是综合性。具体表现为，将课程内容、学习方法、学习目的与考核情况进行深层次归纳总结，积累形成学生学习的直接经验和间接经验。这里的直接经验是指通过课堂之外的各类实践活动经历形成的社会化经验，间接经验指的是在理论课堂学习中形成的学术化经验。

7.6.5 课程实施过程的把控会影响课程效果，所以要多维度多视角审视课程实施过程

实施课程的过程中，要注意根据课程的不同而区别设置不同的教学单元时间。如为不同课程设置每课时 30～60 分钟的时长。还可以采取差异化的学习方式，如分散自学或集中授课。针对课程的不同，学习方式方法也要有所区别，同时也要注意建立完备与之相适应的学习资源和学习环境。

7.6.6 课程领导小组的建立，有助于高质量研发课程和构建课程体系

高等职业教育院校必须成立一个课程领导小组，在学校课程规划设计和建设、教研绩效考核、教师专业发展等各个阶段开展审议、指导、评估等工作。这样就能在建设学校课程体系的过程中，避免因调查研究不足而导致的课程建设开展秩序混乱、课程引入质量不高等现象。一个坚强有力的、相对独立的课程领导小组，可以在充分保障国家规定的教育课程保质保量实施的同时，还能保障学校特色课程的建设研发。

其次是精品课程资源的建设。为了使枯燥的专业理论知识和真实就业工作环境结合、提高学生学习理解和掌握课堂知识点的水平，高等职业院校的教育教学

投入越来越多的人力物力财力，积极建设精品课程资源。这也是国家职业教育课程建设的方向。在进行精品课程建设时，可以参考课题研究的思路，主要有以下几个方法：

一是经验法。在建设精品课程资源，将现有课程资源整理融合时，经验丰富的教师团队需要参与进来，负责将落后的课程资源剔除，并与时俱进、更新补充研究成果和最新课程资源。这种经验法在以往的课题研究中发挥了很大的基础性作用，在改造建设精品课程资源时也可以使用。

二是文献法。即广泛搜集各领域、各学科现阶段最新研究成果和课程资源，搜集各类建设精品课程所需的文献资料，搜集各种能够改进当前教育教学的方法手段，然后进行梳理汇总，形成精品课程原始资料。这种方法可以及时补充建设团队先进经验，快速获得大量精品课程建设资源。

三是行为研究法。是指在建设精品课程资源时，通过实际教学检验精品课程资源建设成果，并及时反馈，提出改进办法，然后进一步实践、修正，不断完善形成最终精品课程资源的方法。具体来说，教师团队首先提出技术脚本，精品课程资源技术制作团队据此做出初版本的课程资源，接着交由教师团队带入实际课堂进行教学试验，并依据课堂实践结果一起讨论研究，并进一步改进，最后形成新的课程资源提交线上共享资源平台，教师团队负责之后的使用管理和组织应用。

建设精品课程资源要参照院校的人才培养方案，根据一定的规范制定教学计划、教案、授课课件和与教学知识点相对应的动画、视频、题库等资源。授课教师通过使用这套完整课程资源，可以在备课时更加轻松、授课时更加生动，同时，也可以借助这套课程资源，让学生学习掌握专业知识更加轻松、理解更加深刻，把理论知识和实训实践结合起来，达到学生学习事半功倍的效果。要想将现有课程改造成精品课程资源，一定要把握国家对于精品课程资源的要求和标准，避免方向出现偏差。

7.7 1+X 实施情况

7.7.1 基本情况

2019 年 4 月，教育部联合发改委等多部门印发《关于在院校实施“学历证书+若干职业技能等级证书”制度试点方案》（教职成〔2019〕6 号）（简称《试点方案》），1+X 证书制度试点工作正式启动[①]。

《试点方案》中明确要求，从 2019 年起，开始施行 1+X 证书制度试点工作。高等职业学校和中等职业学校（不含技工学校）为主要试点对象。

1+X 证书制度，意味着学生从职校毕业时，可以同时领到学历证书和若干职业技能等级证书，如图 7.1 所示。

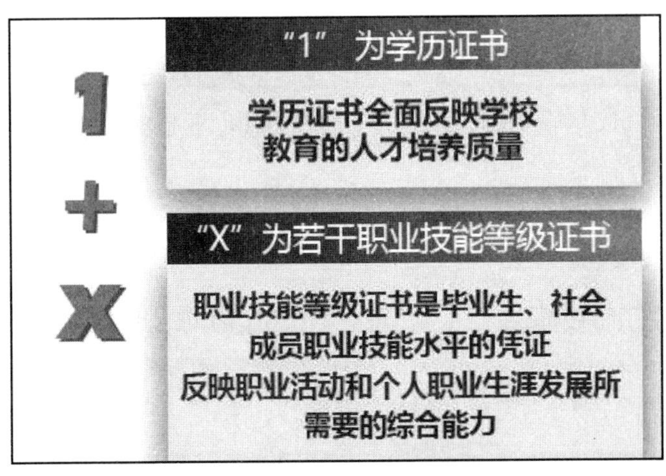

图 7.1　1+X 证书制度

学生通过参加培训、考试取得各类职业技能等级证书后，可以登录职业教育

① 易烨．1+X 证书制度背景下高职院校复合型高技能人才培养：价值诉求与行动框架[J]．机械职业教育，2020（8）：34-36，45．

国家学分银行个人账号，存入相应学分。相应学习成果可以兑换成相应学分，免修相应课程。1+X 证书制度试点工作，极大地激发了学生参与职业技能鉴定、获取相应证书的兴趣和动力，是一个重大创举。第一批公布的 6 个职业技能证书，都适应了目前热点行业所需。

1+X 培训对象可以包括三类人群：

一是现有在校学生。

二是农村转移就业劳动力、尚未落实工作的高校毕业生、未安置工作的退役军人、农民工、建档立卡的贫困劳动力和城镇登记的失业人员。

三是企业在职且有志愿接受培训的职工。

具体实施分为六个步骤：

一是在社会上加大宣传力度，充分调研培训需求。

二是根据规定确立承担培训的学校和计划。

三是组织符合条件人员报名参加培训。

四是承训的高等职业院校开展高水平的职业技能培训。

五是高职院校与职业培训评价机构配合组织职业技能培训结业考试，向考核通过的参训人员颁发证书。

六是做好后续的就业服务工作，根据培训情况向企业推荐参训人员就业。

7.7.2 高职院校推进“1＋X”证书制度试点工作的思路与路径

1. 规划推进“1＋X”证书制度试点工作方案

第一，高等职业院校需要制定更加科学合理的人才培养方案。各个高等职业院校要根据自身定位，设计出符合学校自身实际的人才培养方案，才能更好地推进“1＋X”证书制度试点工作。高职院校应当考虑将职业技能培训工作贯穿到教学计划里，可以让学生在教学阶段就提前了解到职业技能等级标准、考核方法和内容；高职院校的人才培养方案中，还需要进一步开拓教育培训新思路，把人才培养的目标和规划定位进行进一步梳理。

第二，高等职业院校需要积极拓宽人才培养的新渠道。在履行培养复合型技术技能人才的基本职能之外，高职院校要充分把握“1+X”证书制度试点工作特点和要求，在人才培养上积极拓宽思路。高等职业院校要把职业技能培训和专业理论知识教育结合开展，把日常教育管理工作和技能证书培训工作结合起来，充分发挥制度试点优势，理论结合实践，全面提升当前教学工作的质量和效率。高等职业院校还可以充分发挥社会资源的优势特点，引入社会资源让学生参与形式多样的培训实践，可以解决很多日常教学上难以解决的困难问题或者现有条件无法付诸实践的培训内容，从而让学生得到更全面的知识理解和技能锻炼。此外，高等职业院校还可以考虑和地方优秀企业合作开展办学，在人才培养、信息共享等方面深化合作，邀请企业实践经验丰富的员工为学生开办知识讲座或技能培训，为学生创造形式多样的学习环境。

第三，高等职业院校要成立一个优秀的人才培养专家队伍。把握好制度试点工作的要求，充分开展多元化教育教学工作，提升高职教育人才培养水平。高等职业院校应该在深入理解新时期教育发展的内涵与要求的基础上，在教学体系的设计完善上下功夫，推动教师团队的创新发展，让教师团队参与到人才培养方案制定的各个阶段。具体来讲，就是要培养好专业带头人和骨干教师团队，同时形成激励机制，鼓励教师团队参加到技术技能培训工作的方方面面中。还可以考虑引入校外优质教师资源，作为兼职队伍参与到教育教学工作中，为教学注入活水，也能促进本校师资队伍培训水平进一步提高。

2. 提高“1+X”证书制度试点工作的推广水平

第一，高等职业院校要做好各类证书入校流程的审核管理。由于目前国家未明确“X”具体限定范围，没有完整的技能等级证书门类目录，待引进的各专业职业技能等级证书鱼龙混杂，这就需要试点院校严格做好审核把关工作。高等职业院校要充分考虑当前社会需要、企业认可度、学生可接受程度等多方面因素，在教师团队和校领导共同审核参与下，制定好证书引入流程、审核要求、规范标准等，切实引入最符合当前教学和培训实际的技能等级证书。只有根据当前人才培养实际，采取严格的审核流程，才能促进培训工作向好发展的同时，也能充分保证“X”证书更有含金量。

第二，高等职业院校要加强证书培训的管理。在试点“1+X”证书制度的过程中，高等职业院校经常采用专业与职业技能等级证书培训一一对应的方式，但在实际情况中，经常出现某专业有多个技能等级证书与之对应的情况，而学生自己的职业规划各不相同，高等职业院校需要结合教学工作实际，根据培训内容必要性区别好必选和自选，合理安排培训计划。另一方面，在积极开展与地方培训机构联合培训的过程中，高职院校也要注重参考学生个人意愿，加强教育引导，杜绝强制性安排所有人参加培训。

第三，高等职业院校要严格把控最后的证书考核环节。在试点“1+X”证书制度的过程中，在和相应的培训评价组织进行积极合作、共同组织完成好证书考核环节的同时，务必避免证书考核过程中可能出现的不严谨、不规范问题。一是完善基础设施建设，保障完成相应组织的认证、按照时间点组织好学生的证书考核工作；二是在整体规划下做好证书考核工作，将专业知识和职业素养综合考虑作为考核内容，将经典考核案例纳入日常考核训练。

3. 提高“1 + X”证书制度试点工作的社会参与度

首先，根据“1+X”证书制度试点工作培训对象范围，高职院校承训时，不仅要面向在校生开展培训，还要加强宣传，积极主动地将社会上有培训需求的人员纳入培训，拓宽社会服务范围，但同时也要注意保证所有参训人员可以根据院校制定的规范要求参与证书培训考核工作，这也是提高院校社会服务水平的具体举措之一。高等职业教育院校可以借此机会，鼓励社会从业人事能够完成学历教育后，树立终身学习理念，继续参加职业技能等级培训，不断提升自身职业素养。

其次，在“1+X”证书制度试点工作推进过程中，高等职业院校要尤其注意，不能把职业技能证书的获得情况作为学生毕业条件，不能违背试点工作的初衷。“1+X”证书制度是为了让学生在完成专业课学业的同时全面提高自身专业技能，便于今后开展就业，证书只是一个证明手段，不能成为学生毕业的限制条件。这一点，高等职业院校必须有清醒的认识，在教学管理工作中加以明确。

最后，作为新时期高等职业教育发展的新方向，“1+X”证书制度将成为今后高等职业教育院校提升教育水平的重要抓手，也是提升学生就业能力的重要手段，院校要充分把握发展机遇，认清工作重要性，积极拓宽工作渠道，全面落实好制度试点工作。

7.8 服务地方成果

高等教育院校的职责使命是服务地方经济社会发展。高等教育发展的一个显著特点，就是不断发挥专业学科、信息科技、人才和文化优势，为经济社会发展提供源源不断的源泉活水。改革开放以来，高等教育院校在经济社会发展过程中不断助力，发挥了不可磨灭的作用。最突出的如大量大学科技园区的发展成立，就是利用高校的科技人才聚合作用，以此为基础发展起来的一大批的高新技术产业，为地方经济增加了创新活力、增强了科技核心竞争力，同时也对高等教育院校自身的发展起到促进作用。40 多年来的实践证明，这种互动机制的建立是良性的，不但证明了高校自身存在价值，也让高校从经济发展互动中获得实践经验，从而提升自身办学水平。高校和经济社会是密不可分、互相支撑发展促进的关系。另一方面，经济社会发展过程中，对高校的要求是不断变化的、逐渐提高的，并且为高等教育提供的资金支持也在不断加大，在这种情况下，高校得以根据市场需求，不断改进完善办学条件、改进人才培养方案、增强教育教学管理水平，才能持续提升自身综合实力，更好地服务经济社会发展，为经济增速做贡献。

具体到专业群角度分析，专业群要想服务地方出成果，必须加强专业群社会服务能力建设。

7.8.1 创新和完善社会服务体制机制

学院设立专门的社会服务管理机构，如社会服务管理处，专门负责管理和指导学院或专业群的社会服务工作。在学院领导下，作为开展社会服务活动的具体执行部门。具体职能是：统筹学院服务资源，协调安排全院的社会服务工作；根据社会需要调整工作重点，开展相应的社会服务工作，进而切实提高社会服务工作的经济和社会效益。社会服务管理处可以设立几个分中心，分别具体负责培训服务、应用技术服务、国内国际交流服务和社会服务能力建设服务等工作。在学院社会服务管理处工作指导下，各系也可设立社会服务办公室开展相应的社会服务工作。

7.8.2 建立“政、行、企、校”之间长效沟通机制

首先，是设立专兼职信息员，负责收集汇总政府、行业、企业之间的各种社会服务需求，并整理分析后反馈到社会服务管理处。

其次，是成立一个校友会。采取以系部为单位，以毕业生跟踪调查的形式建立一个长期的校友会组织，制定校友会章程，把校友会建设成同学与同学、同学与学院、同学与社会之间联系的桥梁和纽带，进而成为学院与社会联系的桥梁和纽带。

7.8.3 制定和完善社会服务管理制度，建立社会服务保障和激励机制

首先，可以结合学院的人事制度改革和分配制度改革，将专任教师参加科技研发和技术服务、社会培训等社会服务工作作为教师工作量的一部分，纳入教师正常业务管理和考核范畴，并作为绩效考核与专业职务评审推荐、聘任的重要指标。

其次，建立和完善教师参与社会服务的激励机制。例如，鼓励教师每年到企

业参与实践，联系服务企业并承担技术服务，开展社会培训等社会服务工作。在社会服务方面，可以设置社会服务奖励，通过实行相关政策，引导教师树立参与社会服务的意识和参加社会服务工作的积极性。

最后，还可以强化科技研发和技术服务能力建设与社会培训能力建设。建设学院的应用技术服务中心，组织、协调、指导学院的科技研发和技术服务等工作。成立“培训服务中心”，统筹领导学院的社会培训、继续教育、职业技能鉴定工作。

7.9 国际影响

当前，高等教育学校普遍面临教育国际化问题，国际影响力也成了评价高校综合实力的重要因素，高等职业教育院校要结合现状，分析自身的优缺点，在教育国际化进程中努力保持前进，提升国际知名度，实现教育可持续发展，

在一些学校，多年的短期交流访问效果并没有明显改善，交流的形式和结果也比较单一。合作教育仅限于 N+N 模式，比如我们大学三年，国外大学两年。在实际办学中，在课程设置、师资队伍、人才培养目标、教学科研等方面的深度合作和有效融合有待进一步深化。此外，高职院校内涵发展和自身建设不够，国际化师资相对薄弱，面向国际学生的教育规模相对较小，发展相对缓慢。大多数高校与外国企业的合作更多。

高职院校没有正确认识到国际影响力的重要性，国际化起步晚于本科院校。并且作为职业教育，本身就不能与本科院校相提并论。目前的高职院校主要以交流活动和合作办学为主，国际影响力发展意识不足，整体布局有待加强。再者，缺乏更加深入的国际交流活动和高水平的合作办学水平，这对高职教育提升国际影响力作用有限。在一些高职院校，虽然有多年的短期互访，但效果并没有明显改善，交流的形式单一，结果也不尽如人意。合作教育仅停留在 N+N 模式的初级阶段，比如国内院校学习三年后，再到国外院校继续学习两年。在实际办学中，

还需要持续深入地开展课程设置、师资队伍、教学科研和人才培养目标等方面的深度合作和进一步有效融合。此外，高等职业院校在发展过程中，自身建设程度还不够高、内涵发展也不够强，国际化师资队伍规模较小、留学生数量较少，发展比较缓慢。在国际交流合作过程中，偏重学校与学校之间的合作，缺少与国外企业合作发展的经验。

因此，为了提高高等职业院校的国际影响力，可以从以下几个方面改进提高。

（1）高职院校要改变发展理念，具备国际化发展意识。学校要对教育国际化形势有充分的认识，意识到国际化是新时代发展教育的方向和必然趋势。必须全面理解和把握新时代教育发展内涵，将国际影响力提升作为学校发展的重要目标之一。

（2）学校在学生能力培养上，要更加注重培养国际化职业素养和成熟的国际化视野。在制定人才培养方案时，在文化涵养塑造和专业课设置上，适当注入国际化元素，提升学生国际化职业素养，让学生能够进行跨文化交际。同时，采取进一步设置国际化课程的方式，提升学生国际化视野。

（3）高职院校要加大国际化师资力量培养，加大资金投入和引进外来师资队伍。一是努力提升本校师资水平的国际化水平，通过形式多样的培训学习，提高教师综合素质；二是积极和国外院校合作，以项目为主导的方式引入外来人才，共同合作科研项目，科研水平得以合作共赢，师资力量融合发展。

（4）推动合作办学项目进入深入发展阶段。改进当前的N+N办学模式，更深层次的、多角度合作办学。在人才培养目标、课程设置、师资力量、科研技术、教学资源、教学管理、学生管理等方面可以开展更深层次的进一步合作。如教学资源的深入合作上，可以通过互联网远程方式，共享教学信息、教学资源库、电子图书等。

（5）扩大留学生招生，开展广泛的国际交流合作。在国际交流活动中，既可以传播弘扬中华民族优秀传统文化，也可以吸引更多留学生，扩大留学生规模。

一是尝试建立长期的、周期性的国际交流活动，并进一步创新交流合作形式；二是继续扩大留学生招生，通过参加国际留学生招生会，充分了解留学生需求，制定更贴合实际的专业品牌，吸引留学生；三是加强留学生管理，改进管理方式，树好学校形象。

（6）积极参加海外培训，踊跃报名世界技能大赛。通过参加海外培训的形式可以是高职院校师生参加各种技能培训，也可以是院校教师对外提供我方特色专业和优势技术的培训，无论何种形式，都可以提升学校的国际影响力，向外界展示学校风采。而通过报名参加世界技能大赛，则是学校师生获得实操锻炼的好机会，更能检验出学校教育成果，若能取得一定成绩，则会提高院校国际知名度，对留学生招生大有裨益。

（7）把握“一带一路”倡议带来的发展机遇。“一带一路”沿线国家多为发展中国家，急需大量高素质技术技能人才。高职院校要把握机遇，加强自身发展建设，争取获得政策上和资金上的支持。通过出国办学，把“一带一路”沿线国家作为国际合作交流的主阵地，倒逼自身教育管理和教育教学水平提高的同时，也能吸引更多外国学生来华留学，从而形成正向激励，全面提高学校国际影响力。

（8）拓宽国际合作交流渠道，在加强与国外院校合作的同时，尝试加强与国外先进企业和国际教育集团的合作交流。

（9）采取多种方式加大宣传力度，重视信息化宣传手段。通过信息化宣传手段建设，将院校教育水平和特色专业优势向世界展现。例如开设英文版官网，利用国外知名网站发布院校信息，到国外参加留学生招生会，与国外教育机构争取合作等，扩大院校国际影响力。

第 8 章　评价指标量化

改革开放以来，我国的高职教育发展取得了非常巨大的成就，面向未来，新的发展方向则是要以提升内涵为核心，追求更高质量的发展。高等职业院校要想取得高质量发展，就必须把专业建设作为龙头，建设更高水平的专业群，并以此带动建设高水平学校，培养出具备更高素质的技术技能型人才。在高等职业教育治理能力逐步实现现代化的过程中，可以预见，当下的专业评价体系也将发生变革，逐渐从政府主导的评价体系演变为独立第三方评价体系。

8.1　指标体系量化表

高职专业群可持续发展机制与评价体系的框架：“双高背景”下的高职专业群建设评价指标将根据建设的实施各个环节进行制定，涵盖了人才培养模式、专业群课程体系设置、师资队伍建设、校企合作与产教融合、实习实训基地与实践教学情况、国际化水平、经费使用情况、专业群资源共享度、专业群可持续发展机制、人才培养质量。专业群的评价体系研究框架如图 8.1 所示。

近些年，国家对高职专业和专业群建设尤为重视，出台一系列政策大力支持高等职业院校建设以重点专业为龙头的专业群。在建设过程中，急需一个专业群建设评价指标，具体应包括但不限于专业群组织体系、专业群人才培养方案、专业群课程体系、专业群师资队伍、专业群实训基地、专业群教学资源库、专业群建设显性成果等几个内容要素。具体指标见表 8.1。

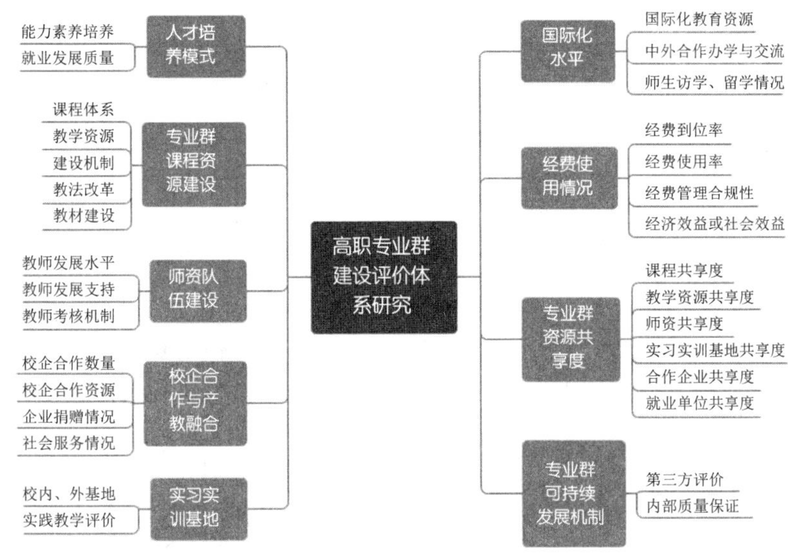

图 8.1　专业群的评价体系研究框架图

表 8.1　高职院校专业群建设水平评价项目、权重、评价指标、指标内涵与标准

评价项目	权重	评价指标	指标内涵及标准	
			A 级标准	C 级标准
1 专业群组织体系	0.1	1.1 专业群组织	设置了专门的群组织管理机构，有专职群负责人	未设置专业群组织，无群负责人，但是有专业相关组织或人员兼职或者兼任
		1.2 专业团队组织	设置了专门的专业团队组织，有专职的专业带头人和专业负责人	设置了专门的专业团队组织，也有专业负责人
		1.3 课程群组织	专业核心课程和群平台课程都设置了专门的课程群组织，都有专职的负责人	群平台课程没有设置专门的课程群组织，但专业核心课程有，且有专职负责人
2 专业群人才培养方案	0.1	2.1 新生规模	专业群新生≥1000 名	专业群新生≥300 名
		2.2 新生第一志愿率	比例≥85%	比例≥50%
		2.3 新生报到率	比例≥95%	比例≥80%
		2.4 社会满意度	企业与学生满意度比例≥90%	企业与学生满意度比例≥70%

续表

评价项目	权重	评价指标	指标内涵及标准	
			A 级标准	C 级标准
3 专业群课程体系	0.15	3.1 群平台课程比率	1. 群平台课程数量占全部专业课程门数（不含综合实践课与能力拓展课）比例≥80%; 2. 群平台课程课时占全部专业课程课时（不含综合实践课与能力拓展课）比例≥80%	1. 群平台课程门数占全部专业课程门数（不含拓展课程）比例≥60%; 2. 群平台课程课时占全部专业课程课时（不含拓展课程）比例≥60%
		3.2 群实践课程比率	1. 群实践课程门数占全部综合实践课程门数比例≥90%; 2. 群实践课程课时占全部综合实践课程课时（不含拓展课程）比例≥90%	1. 群平台课程门数占全部综合实践课程门数（不含拓展课程）比例≥70%; 2. 群平台课程课时占全部综合实践课程课时（不含拓展课程）比例≥70%
		3.2 群拓展课程比率	1. 群拓展课程门数占全部拓展课程门数比例≥70%; 2. 群拓展课程课时占全部拓展课程课时比例≥70%	1. 群拓展课程门数占全部拓展课程门数比例≥50%; 2. 群拓展课程课时占全部拓展课程课时比例≥50%
4 专业群师资队伍	0.15	4.1 群师资比例	群教师数量与全校（全系）全部教师数量比例≥80%	群教师数量与全校（全系）全部教师数量比例≥60%
		4.2 群师资学历结构	群教师具有硕士（及以上）学位的比例≥30%	群教师具有硕士（及以上）学位的比例≥20%
		4.3 群师资职称结构	群教师具有高级技术职称的教师人数≥35%	群教师具有高级技术职称的教师人数≥30%
		4.4 群师资双师结构	群教师具有“双师素质”比例≥85%	群教师具有“双师素质”比例≥60%
		4.5 行业兼职教师比例	行业兼职教师占专业群教师总数≥20%	行业兼职教师占专业群教师总数≥10%
5 专业群实训基地	0.15	5.1 群实训基地比例	群实训基地占全校（全系）实训基地比例≥80%	群实训基地占全校（全系）实训基地比例≥60%
		5.2 群实训基地利用率	群实训基地使用课时占全校（全系）实训课时比例≥80%	群实训基地使用课时占全校（全系）实训课时比例≥60%
		5.3 群校外实训基地比率	群校外实训基地数量占全校（全系）校外实训基地比例≥80%	群校外实训基地数量占全校（全系）校外实训基地比例≥60%

续表

评价项目	权重	评价指标	指标内涵及标准	
			A 级标准	C 级标准
6 专业群教学资源库	0.15	6.1 群资源库建成率	建成的群资源库课程占全部群平台课程比例≥50%	建成的群资源课程占全部群平台课程比例≥ 30%
		6.2 教学资源共享率	实际使用资源库课程资源的课程占学期开设本课程的教学班次比例≥90%	实际使用资源库课程资源的课程占学期开设本课程的教学班次比例≥60%
		6.3 网络课程覆盖率	视频公开课占全部专业课（不含综合实践课）比例≥20%	视频公开课占全部专业课比例≥10%
7 专业群建设显性成果	0.15	7.1 毕业生双证率	比例 100%	比例≥90%
		7.2 毕业生就业率	比例≥95%	比例≥80%
		7.3 就业岗位耦合度	实际就业岗位与专业岗位群吻合比例≥80%	实际就业岗位与专业岗位群吻合比例≥60%
		7.4 群师资成长率	获得职称晋升、教学名师、教坛新秀、专业带头人、优秀教师、先进工作者等各种人才工程、荣誉称号的人次与专业群教师人数之比≥30%	获得职称晋升、教学名师、教坛新秀、专业带头人、优秀教师先进工作者等各种人才工程、荣誉称号的人次与专业群教师人数之比≥10%
		7.5 群专业成果提高率	群教师年度科研考核分平均值占全校（全系）教师年度科研考核分平均值的比例≥130%	群教师年度科研考核分平均值占全校（全系）教师年度科研考核分平均值的比例≥100%
		7.6 群专业辐射率	群建设成果及成功经验受到其他专业及社会广泛关注被上级教育部门采纳或新闻媒体报道或校际交流等 3 次以上	群建设成果及成功经验受到学院其他专业关注，被学校采纳或校内报道或校内交流等 3 次以上
		7.7 专业服务能力提升率	发挥专业集群优势，服务创收额或服务项目数或合作项目数等提高 30%以上	发挥专业集群优势，服务创收或服务项目或合作项目等有所提高
8 特色	0.05		特色明显	有一定特色

8.2 评价指标计算方法

评价等级可以设置为四级，其中 A、C 可以根据评价指标内涵与标准打分，按照百分制打分，A 级标准分值为 85 分以上，B 级标准分数为 75～84 分，C 级标准分数为 60～74 分，D 级标准分数为 59 分以下，各评价项目可以用算术平均数与各项权重相乘，最后求各项总和得出总分；专业群成熟阶段评价等级为 A，发展阶段评价等级为 B，初级阶段评价等级为 C。

8.3 评价结果说明

对建设水平各个阶段进行评价，是对专业群完成立项任务阶段后开展评估，主要的评价依据应该是专业群建设状态数据或者相关建设成果，能够达到衡量出高职院校专业群建设水平或者专业群建设阶段的目的。

A 级：专业群组织体系完善，执行专业群人才培养方案较好，专业群课程有完善的体系，专业群师资队伍结构合理，专业群实训基地建设规范，专业群教学资源库建设与共享度较好，专业群建设显性成果明显提升，专业群建设特色明显。

B 级：建立了良好的专业群组织体系，专业群人才培养方案执行度良好，专业群课程体系建设良好，专业群师资队伍结构合理，专业群实训基地建设良好，专业群教学资源库建设与共享度良好，专业群建设显性成果有一定提升，专业群建设有一定特色。

C 级：建立了专业团队组织和课程组织体系，但是没有独立的群组织和负责人，专业群人才培养方案执行度一般，专业群课程体系建设基本达标，专业群师资队伍结构基本合理，专业群实训基地建设基本达标，专业群教学资源库建设与共享度合格，专业群建设显性成果有一定提升，专业群建设有一定特色。

D 级：专业群组织体系不完善，专业群人才培养方案执行度不达标，专业群课程体系建设不达标，专业群师资队伍结构不合理，专业群实训基地建设一般，专业群教学资源库建设与共享度一般，专业群建设显性成果没有提升，专业群建设没有特色。

第四篇　“高水平”专业群案例分析
——以重庆电子工程职业学院信息安全技术应用高水平专业群为例

第9章　专业群组群逻辑分析

9.1　现状

党的十九大报告指出，创新是引领发展的第一动力，提出要建设网络强国、数字中国、智慧社会，推动互联网、大数据、人工智能和实体经济深度融合，发展数字经济、共享经济，培育新增长点、形成新动能[①]。

网络信息安全是保障国家安全的战略性核心产业，没有网络安全就没有国家安全，就没有经济社会稳定运行，广大人民群众利益也难以得到保障[②]。

信息安全、大数据、云计算、移动互联网等新一代信息技术的快速发展，带来大量的新产品、新服务和新业务，其背后的信息安全问题也更加凸显、受到更多关注。构建安全可控的信息技术保障体系，急需高标准建设信息安全技术应用

---

① 郭炜，冀永进．数字中国，引领未来发展[J]．互联网经济，2017（12）：68-73．

② 秦安．以更高站位、更宽视野、更大力度开拓网信工作新局面[J]．网络空间安全，2018，9（4）：13-15．

专业群，培养大批政治强、业务精、作风好的复合型高端技术技能人才，为清朗网络空间、新一代信息技术融合发展创新提供人才支撑。

重庆是国家西部大开发战略的战略支撑点，要落实好、发挥好支撑、带动、示范“三个作用”，重庆大数据智能化等新一代信息技术创新发展战略给信息安全专业群发展也带来巨大的服务贡献机遇。但专业群面临着内部治理体系与教学标准还不够健全、产教融合不够深入等问题和挑战。

9.2 组群方案

9.2.1 专业群与产业链

信息安全是一门综合性学科，涉及计算机科学与技术、通信网络技术、密码技术、信息论等多门学科，同时，信息安全产业是重庆大数据智能化新一代信息技术产业的典型代表，以信息安全产业链为抓手，来剖析现代信息技术产业集群具有典型和现实意义。依据《2017－2022年中国信息安全行业市场发展现状及投资决策分析报告》，理出信息安全上、中、下游所构成的典型产业链，如图9.1所示。

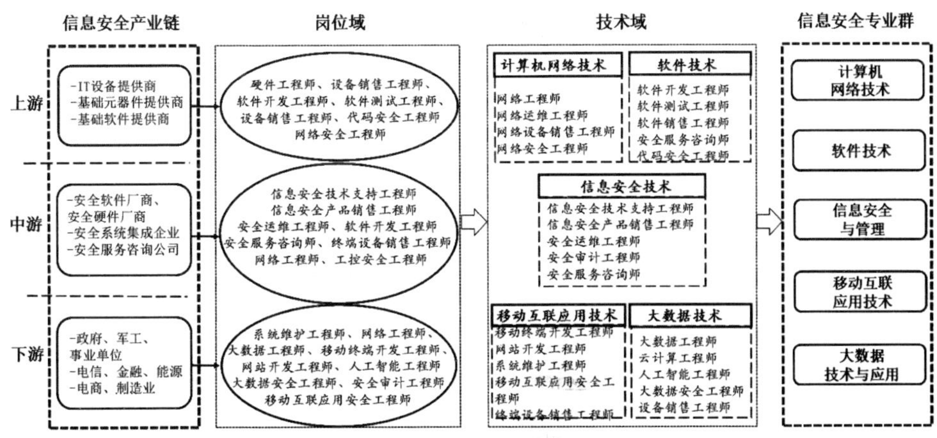

图9.1 产业链和专业群岗位分析

基于信息安全上中下产业链和涵盖岗位域分析，把相关岗位所对应的技术域归类，形成计算机网络技术、软件技术等 5 个核心技术元素组成的“技术域”，“技术域”中每个技术元素分别对应 5 个专业，成为专业群。上游是软硬件基础性产业，下游是应用行业。上游和下游主要涵盖计算机网络技术、大数据技术与应用技术、移动互联应用技术、软件技术等专业技术领域，产业链中游主要聚焦信息安全技术应用专业技术，由此形成集“软件技术、计算机网络技术、移动互联应用技术和大数据技术与应用”专业为主体，以信息安全技术应用为龙头的专业群结构，有效对接产业链。

9.2.2 群内专业组群逻辑

面向新一代信息技术产业集群，依托以信息安全产业为核心的产业链，按产业链上中下游顺序梳理出 25 个核心岗位，转化为专业群课程模块体系。按照不同专业方向将模块化课程进行多元组合、选修学习，不仅能够培养计算机网络工程师、大数据工程师、移动互联网工程师、软件技术工程师和信息安全工程师 5 个岗位方向人才，还可以培养大数据安全、移动互联网安全、软件编码安全和网络安全等多方向复合型创新人才。

此外，实施“全人”素质平台和专业基础平台必修，通识拓展模块和专业拓展模块选修相结合，全程培养思想政治坚定且具有人文和艺术修养、创新精神和团队协作精神，德智体美劳全面发展、社会需要的高素质技术技能型创新人才。

随着信息技术的高度融合与交叉发展，以大数据智能化为代表的现代信息技术对信息安全的依赖程度越来越高。计算机网络技术专业的发展离不开“计算机网络安全”；软件技术专业的发展离不开“软件安全”；移动互联应用技术专业的发展离不开“移动互联网安全”；大数据技术与应用专业的发展离不开“大数据安全”，由此形成以“安全”技术和应用为需求的信息安全技术应用专业群结构，如图 9.2 所示。

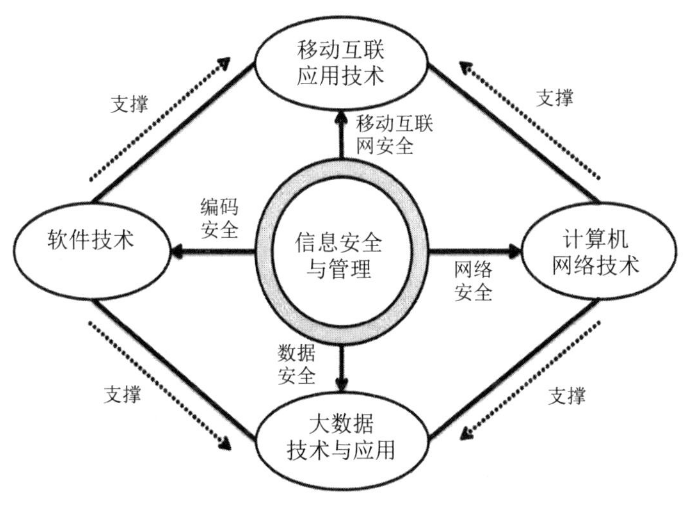

图 9.2 专业群逻辑组成

在整个专业群体系中，计算机网络技术和软件技术专业起到基础性、支撑性作用，信息安全技术应用专业则是整个专业群的核心地位，发挥应用“安全”辐射作用，为软件技术专业提供“编码安全保证”，为计算机网络技术专业提供“网络安全技术体系”，为移动互联应用技术专业提供“移动互联网安全服务”，为大数据技术与应用专业提供“数据安全保障”。最终形成以信息安全技术应用专业为核心，移动互联应用技术、大数据技术与应用等 5 个专业构成的高耦合度专业群。

9.3 建设成效

坚持和加强党的领导，落实立德树人根本任务，服务“网络空间安全”“新时代西部大开发”“长江经济带绿色发展”等国家重大战略。

构建“专业群建设带头人－模块负责人”组织架构，建立多措并举的内部治理机制，提高专业群内部治理能力。依托“院士专家工作站”，联合腾讯等领军企业，在网信办支持下成立网络安全标准研制专家组，研制可信计算等技术标准，开发专业群职业教育标准，参与行业技术标准的制定。与世界一流信息安全企业 360 公司等企业合作，建立校企“双元”共建、共享、共治的产教融合实训基地实体化运营机制，打造新一代信息技术产教融合实训基地和技术技能创新服务平台。

与加拿大等国家开展“2+1”或“3+0”模式的中外合作办学，在职业教育国际标准制定等方面开展多层次合作，引进国外优质职业教育资源；与华为等业界知名企业合作，开展境外员工培训和举办国际职业技能大赛等，服务“一带一路”建设，成为中国企业“走出去”产能合作伙伴。运用大数据、智能网络和云计算等新兴技术，推进新时代西部大开发、长江经济带大数据智能化产业绿色发展。经过四年建设，信息安全技术应用专业群办学实力持续全国领先、世界知名。

第 10 章　专业群人才培养模式

10.1　现状

第一，在教育教学理念上，普遍存在趋同趋势的问题，即专业群层级人才培养模式、国家和学校级人才培养模式和专业人才培养模式同化，这就不具有专业群层级人才培养模式的特色。

第二，就模型建设而言，当前高职院校并不是以产业链为基础新建专业群，而是根据专业面向的服务或者技术领域，结合多年来自身相关专业的发展实际，以特色和优势专业为主导，将其他相近、相关专业结合起来，建立起一个新的专业群。如若平衡不好专业群内专业的个性和共性，就容易产生两个截然相反的结果，一是专业个性过重，专业群内各专业融合程度大大降低；二是专业共性过重，专业群内专业个性作用无法有效发挥。

第三，从模式描述上看，人才培养“目标”经常不能很好地体现。在多数情况下，人才培养的过程、方法和各个阶段被过多描述，比如“驱动”“对接”“模块”“结合”等。

第四，从实施推进专业群人才培养模式上看，专业群内各个专业往往都根据自己专业特点进行独立的理论课和实践课课程设置，很难形成具备专业群特色的一套课程，各个专业不能很好地共享资源，造成各类资源利用率低下，专业群优势体现不出来。

10.2 改革方案

10.2.1 专业群扎根产业链，“链群互通”实现校企“双元”育人

聚焦重庆信息安全产业，利用信息安全技术应用专业国家示范重点专业的办学优势，整合与信息安全技术相关联的软件技术、计算机网络技术等 5 个专业，打造信息安全技术应用专业群，扎根产业链，围绕关键技术领域，调整与优化专业群结构，契合产业链的发展趋势，把产业链上企业技术融入专业，把企业技术骨干融入教师团队，把校内专任教师融入企业技术团队，把学生发展融入产业人才需求，实现专业群与产业链链群互通同频共振。

专业群通过与英特尔、启明星辰、华为等企业共建共管 FPGA 创新中心、网络空间安全产业学院、智能网络创新产教融合实训基地，共建全国信息安全与云计算校企联盟，实现双方的人力资源互派、资源共享、机制共建，让专业群助力产业链技术革新、不断发展。以高端技术技能人才培养为引擎，以“产教融合实训基地、技术技能创新服务平台”为载体，以科技研发、技术推广、社会服务等项目为驱动，打造专业群技术科研和创新成果不断向企业转化的传送带，助推产业升级与发展，推进企业成为学校在人才培养、技术创新、研发投入、成果转化方面的发展共同体，校企协同催生创新链，创新链反哺产业链，实现产业链与专业群协同，链群互通实现校企“双元”育人。

10.2.2 坚持“立德树人、德技互融”，构建“平台+模块”课程体系

校企“双元”共同建造技术技能人才成长的生态环境，实施全员全程全方位育人，夯实理想信念教育根基，在研究能力本位和工作过程系统化课程开发方法基础上，借鉴能力分析和典型工作任务分析方法，按“成果导向、通专融合”思

路重构专业群模块化课程体系，以职业素质和职业技能为牵引，把人的素质因素和社会主义理想信念教育作为重点研究对象，将素质元素和课程思政融入专业群课程模块，创建“德技互融”的“2 平台+3 模块”专业群模块化课程体系，2 平台包括“全人”素质平台和专业群基础平台，3 模块包括通识拓展模块、专业拓展模块和专业方向模块，如图 10.1 所示。

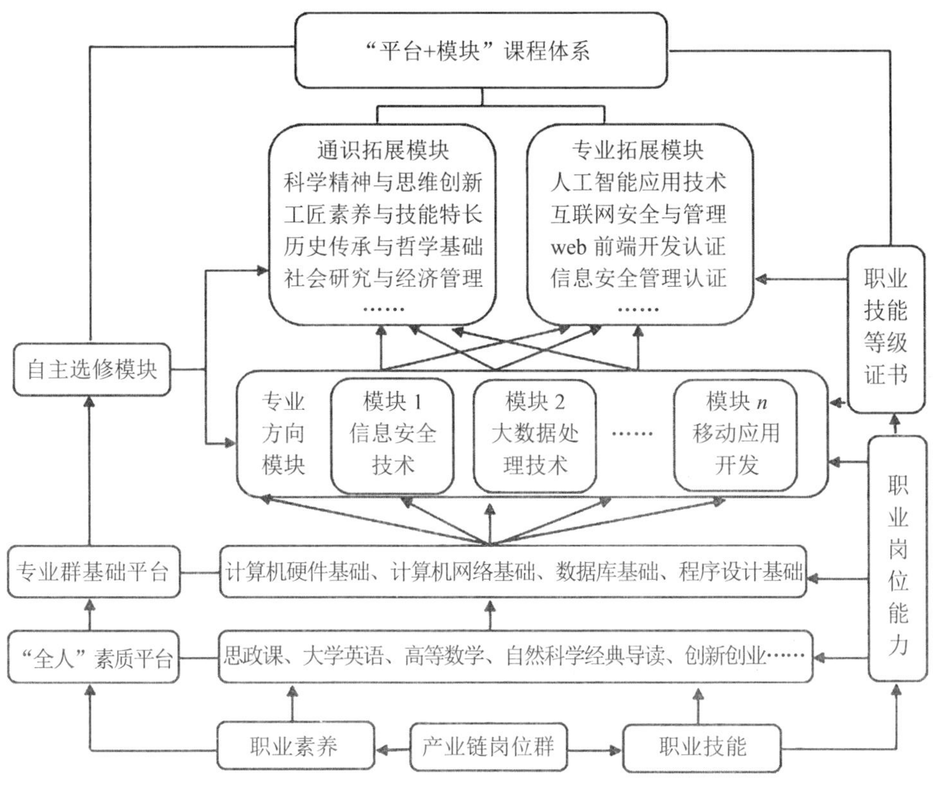

图 10.1 “平台+模块”专业群课程体系

“全人”素质平台包括“人文社科经典导读”“自然科学经典导读”等课程，专业群基础平台包括专业群基础理论、基础实训等课程。将职业能力按职业岗位进行分类，分别构建不同的专业方向模块，每个模块与一个或一类职业岗位对应，并与职业技能等级证书的考取联系起来，专业方向模块包括专业技术、综合实训等课程；专业拓展模块包含专业横向拓展、专业纵向拓展等课程模块。通识拓展模块包括科学精神与思维创新、历史传承与哲学基础等课程模块，落实重电百工博雅“德技互融”通识教育改革。“德技互融”的“2 平台+3 模块”课程体系，将学生道德修养和专业技能培养有机结合，坚持德、智、体、美、劳“五育并举”培养高素质技术技能人才，促进职业教育的高质量发展。

10.2.3 对接 1+X 试点，“多模互动”助力学生个性化发展

启动 1+X 证书制度试点，开发 1+X 证书的培训标准与教学资源，将职业能力标准与职业技能等级认证 1+X 证书标准、内容有机融入“专业方向”模块和“专业拓展”模块。加快构建职业技能等级认证的培训和鉴定考核体系，建成新一代信息技术职业技能等级证书培训和考核示范基地，面向社会人员开展培训和认证，扩大认证影响力。探索实施职业教育“学分银行”，有序开展学历证书与职业技能等级证书学习成果的认定、积累和转换，实现书证融通[①]。

专业群实施“大专业进、小专业出”的个性化人才培养方案，按专业群进行招生，学生首先要完成“平台”基础课程，然后再根据个性化的需求和职业生涯发展规划，自主个性化选择“专业方向”模块和两类拓展选修“模块”，根据设立的毕业学分标准，获得相应专业的职业技能等级证书和毕业证书。1+X 证书课程与 3 类个性化“模块”课程互动融通，助力学生全面、可持续发展，全面提升学生就业创业能力和适应市场快速变化的能力。

10.3 建设成效

聚焦区域核心产业及关键技术领域，调整与优化专业群结构，校企共建共管

① 熊锟，岑斯．学分银行服务学习型城市建设的实践研究——深圳广播电视大学的探索[J]．广东开放大学学报，2020，29（1）：24-29.

产教融合实训基地，双方人力资源互派、资源共享、机制共建，校企协同催生创新链，创新链反哺产业链，链群互通实现学校企业“双元”育人。以职业素质和职业技能为牵引，创建“德技互融”的“2 平台+3 模块”专业群模块化课程体系，将 1+X 职业技能水平认证课程融入 3 类选修“模块”，学生个性化自主选择 3 类选修“模块”，多维的“模块”课程与“认证”互动融通，构建以学生为中心的职业能力结构，全面提升学生职业技能与职业素养。

通过构建“链群互通·德技互融·多模互动”的专业群人才培养模式，实施现代学徒制、特色工匠工坊、混合所有制二级学院与中、高、本贯通人才培养等举措，最终建成 2 项国家级骨干专业；1 个国家高水平专业群；学生技能大赛奖项 5 项国际级、25 项国家级和 50 项省级；获教学成果奖 1 项国家级和 1 项省级；制作 2 项省级行业标准；开发国家级职业教育专业（群）教学标准。

第 11 章　专业群课程体系及资源建设

11.1　现状

当下，高职院校的专业设置能够基本满足社会需求，但是普遍存在同质化严重的问题，并且鲜有特色专业。很多高职院校在课程设置上，只是单纯参考本科同一类别的专业课程的设置。目前，大多数高等职业院校将课程设置为三大块，即专业课、专业基础课和公共基础课，属于“知识本位”模式的学科教学。在这种模式下，学生以理论知识学习为主，与实践操作结合不够紧密，容易造成学习的内容和实际的工作需要不匹配的问题。另一方面，在这种“三段式”课程模式实施过程中，实践学习变成了理论学习的辅助形式，并未得到教师和学生两方面应有的重视。

在课程建设过程中，由于我国尚未具备长期的精品课程建设工程实践经验，对精品课程建设工程认识不足，主要存在以下几个方面问题：一是少有与行业、企业合作开发的、高职教育必需的精品课程；二是缺乏成熟完备、内容质量高和原创程度高的精品课程体系；三是没有将最先进的高等职业教育理念在建设精品课程上体现出来。尽管各个部门都在聚力抓、努力抓这项工作，但是低层次的重复率过多，特色不够鲜明。

在课程建设团队方面，一般都是以完成开发建设为目标，项目后期的管理与评价反馈机制非常薄弱，没有形成一个课程资源管理闭环，没有系统性的、行之有效的质量管理体系。

11.2　建设方案

11.2.1　创新校企协同联动机制，领航新兴网络安全技术标准制定

充分利用学校院士专家工作站智核资源，加强与国家信息安全测评认证中心等网络安全科研院所的联系，与华为、启明星辰等信息安全产业链行业领军企业深入合作，积极参与新兴网络安全技术国际、国家或重庆地区标准的制定，做高职院校参与行业技术标准制定的引领者。充分利用学校作为长江经济带产教融合发展联盟和重庆电子信息职教集团牵头单位的优势，与新一代信息技术产业链上、中、下游各类企业、国内同类高职院校紧密合作，牵头组建信息安全技术应用专业群标准研制专家组，充分调研行业最新技术，系统化制定专业群专业建设标准、课程开发标准、实训条件标准、课程资源标准，成为信息安全技术应用专业群标准制定的领跑者。

11.2.2　构建课程资源动态更新机制，打造一批“金课”“新课”

引入行业企业资源，以工程项目为载体，校企共建新技术、新工艺、新规范的“模块化教学资源包”，衔接 1+X 认证和国际化标准，真正实现“书证融通、书证衔接”；强化课程内容和教学过程的“职业性”，构建课程体系随着产业技术进步、技术革新动态调整机制，建立专业群“敏捷”化课程体系，提升专业人才培养规格适应产业技术变化的快速反应能力，优化课程资源供给，打造一批“金课”“新课”，满足学生学习、企业培训的双重需求，实现课程资源共建共享，建成教学资源库国家级 1 个、省级 2 个，在线开放课程国家级 3 门、省部级 5 门；金课 15 门，“课程思政”专业课程 8 门，1+X 证书课程资源包 1 个，专业群模块课程 10 门。

11.2.3 服务“一带一路”走出去产能，开发国际一流专业课程资源

依托通信工业协会国际产教协同联盟，成立信息安全技术应用专业群国际化课程资源开发与标准研制小组，通过组织“一带一路”信息技术应用国际技能大赛等多种形式，与“一带一路”沿线国家教育机构及国内外知名企业开展深入合作，开发适合当地国情、文化背景和语言环境的专业群国际化课程标准和资源，推广具有“重电”特色的职业教育课程建设经验。

11.3 建设成效

创新校企协同开发专业标准的联动机制，构建课程体系动态调整机制，建立专业群“敏捷”化课程体系。

第 12 章　专业群教学团队建设

12.1　现状

传统的专业教学团队大多是以单一专业教研室或某一学科项目为基础临时组建的团队。跨专业、跨学校的教学团队较少，所以整合不同领域的教师资源比较困难。教研室主任由于普遍是兼职的专业带头人，因此对教学团队的管理大多停留在行政命令上传下达上，造成团队工作开展一成不变，削弱了教学团队的独立性和自主性，再加上成员之间缺乏团队意识和合作精神，团队的凝聚力和创新能力也不是很强，团队工作缺乏针对性和计划性，容易造成工作效率低和教师资源浪费的问题。

此外，企业或者行业人员的融入远远不够，虽然有些学校在不断聘请企业人员任教，但是大部分人员只是针对课程教学，并没有将企业文化或者职场知识融入课堂之中，未能实现很好的资源共享。

12.2　建设方案

12.2.1　打通“双栖互聘”渠道，创新“双师”培养机制

实施“桥梁工程”，通过与“环重电”双创生态圈产业园入驻的海云捷迅等企业技术合作，双方签署技术研发与人才培养协议，校企两地互建创新研发中心，

根据学校和企业运营时间规律，校企研发团队两地互融，学校教师帮企业转化研发新产品，延长企业产品链，企业员工到校兼任实训指导和项目实践指导，实现校企双方人员互聘流动，各美其美，美美与共。不仅巩固了企业兼职教师团队，而且校企联合工作过程中，有效培养了“双师型”团队，形成良性的“双师”培养机制，保障 1+X 证书顺利实施。

12.2.2 “万人计划”国家级名师领衔，打造结构化教师教学创新团队

国家级名师领衔，通过科研教改、定期轮训、以赛促教等多个维度，促进专任教师成长为骨干。结合专业群模块化教学需要，按照能力互补、方向专攻的原则，确定教师专业定位，形成适应模块化课程需要的结构化教师教学团队，实施“翔越计划”，培养专业群“重电优才”20 名、“重电杰青”10 名、“重电能手”5 名、“重电大师”3 名、“重电领军”2 名、“重电领航”2 名，培养全国一流“应用安全”卓越技能大师和教学名师，其中国家级教师创新团队 1 个、省级 1 个，教师技能大赛国家级奖项 1 个、省级 3 个；国家级技能大师工作室/名师工作室 1 个；国家级拔尖人才 1 名、省级 1 名；国际大赛专家 2 名。

12.2.3 支部扎根专业群，培育“四有”好老师

以专业群为单位设立党支部，体现党建为信息安全技术应用专业群人才培养服务，铸造专业群特色党建品牌。实施“双带头”工程，分别建立信息安全技术应用专业群和人工智能专业群 2 个混编党支部，以专业群为单位，将涉及的专任教师、思想政治辅导员以及学生党员划归一个支部，并在专业群建设带头人中遴选党支部书记，优秀辅导员队伍中挑选副书记，配强配齐支部班子。每周召开 2 次群支部会，深入学习研讨习近平总书记提出的“四个引路人”和“四个统一”要求，增强专业群教师的凝聚力和政治站位，培育专业群“四有”好老师。

12.3 建设成效

与“环重电”双创生态圈产业园企业实施“双栖互聘”，培育“双师”教学团队，围绕专业群模块化课程建设打造结构化教师教学团队，支部扎根专业群，培育“四有”好老师。打通“双栖互聘”渠道，创新“双师”培养机制。

第 13 章　专业群产教融合发展改革与国际化路径

13.1　现状

产教融合的过程中，必然经历职业教育共同体，这也是社会主体参与职业教育的重要途径。当前，基于校企合作的职业教育共同体创新的关键，在于优化技能型人才培养模式。目前高职院校都在联合企业探索产教融合的路径，但是成效并不理想，校企互动形式单一，缺乏更深层次的融合。

伴随经济全球化进程，我国的高等教育国际化发展程度也不断加深，作为高等教育的重要组成部分，高职教育的国际化进程也逐步走入大众视野，受到更多关注。2014 年，教育部、财政部、人社部、发改委等国家六部门联合印发《现代职业教育体系建设规划（2014－2020）》（教发〔2014〕6 号），文件在建设开放型职业教育体系一节中明确了现代职业教育国际化人才培养目标与要求[①]。与此同时，“一带一路”倡议和“中国制造 2025”国家战略的实施，也在一定程度上对高等职业教育国际化起到了促进作用。

我国高职教育国际化虽然起步时间晚，但是由于由国家政策支持，可以广泛开展政府间合作，进而开展师资培训和交流。高等职业院校间通过开展国际交流与合作，以及依托优势专业配合企业“走出去”，高职教育国际化发展取得了不错的成绩。但同时也要看到，在这一过程中，国际化发展遇到了很多迫切需要解决的严峻问题。

① 王书丹．高职院校国际化人才培养模式研究[D]．西安建筑科技大学，2015．

首先，是高职教育国际化意识普遍较低的问题。当前，我国大部分高职院校仍然对国际化办学这一必然趋势认识不足，这就制约了我国高职教育整体国际化水平。从宏观角度，虽然我国高职教育的国际化活动呈现逐年上升趋势，但参与国际化办学的高职院校相对并不普遍。

其次，是高职教育国际化过程中引进与输出不平衡现象突出。近十年来，我国在政府层面和院校层面均进行了不同程度的高职教育国际化活动，比如通过政策对话、合作办学与合作培训、教师或学生交流，以及一般性交流与访问等途径，引进优质教育资源。但同时，没有将我国近年来在高等职业教育上获取的丰硕成果和实践经验输出到国外。

最后，是高职教育国际化顶层设计不够充分。近年来，虽然我国高职教育积极努力地对国际化交流、国际化合作和办学进行了探索实践，但由于诸多原因，没有形成系统有效的管理和匹配的顶层设计，导致国际化水平较低。

13.2 改革方案

13.2.1 打造高水平产教融合实训基地

1. 对标世赛标准，与 360 公司共建世界水平技能大赛集训基地

依托 360 公司国际领先的信息安全技术团队和研发能力，整合学校世界技能大赛网络安全项目中国代表队教练组的技术优势，校企共建世界技能大赛网络安全、云计算赛项集训基地，开展网络安全、云计算世界技能大赛项目参赛选手的选拔与集中培训，为国家培养和输送能代表中国参赛的世界技能大赛选手，合力打造具备世界水平的网络安全、云计算国家队教练团队，对标世赛标准，开发世界技能大赛培训资料包，将世界技能大赛第一手资料引入专业群人才培养方案，

按照世赛的要求培养学生的工匠精神和劳模精神，建成集“教学、生产、培训、社会服务、大赛培训”五位一体的世界技能大赛集训基地，为国家培养信息安全领域的顶尖技能人才，服务国家信息安全战略。

2. 校企深度融合，打造一流产教融合实训基地

与腾讯云、百度、重庆菲利信技术有限公司企校四方合作，由腾讯云提供大数据技术，百度提供项目资源，重庆菲利信技术公司提供项目资金和技术指导，校方提供场地、师资和学生资源，建成大数据治理产教融合实训基地，并同步成立由百度提供项目转包、腾讯云提供技术支持、学校和重庆菲利信技术实施运营的“腾讯云产业学院”和“大数据工匠坊”，实现年技术服务300万次。助推一批企业成为产教融合型企业，让企业在产教融合更有“获得感”，启明星辰等一批企业捐赠一批设备或资金用于产教融合基地的建设与发展，建成云安全实训基地、网络攻防对抗与安全态势感知实训基地等15个产教融合实训基地。积极推动与配合合作企业完成产教融合型企业的申报与认证，共同打造信息安全领域的1+X证书培训与考核基地，建立虚拟仿真实训中心国家级1个、省级1个；打造省级协同创新中心1个；建立高水平实训基地国家级1个、省级3个；建立产教融合实训基地国家级1个、省级2个；打造省级科研或双创平台2个。

3. 多元互动，实现实训基地区域高度共享

与重庆市网信委、重庆市经信委、启明星辰信息安全公司等多元合作共建“重庆市网络与信息安全培训基地”和“世界技能大赛网络安全赛项集训基地”等15个产教融合实训基地，集“教学、生产、培训、社会服务”四位一体，专业群通过基地完成实践教学和技能培训为学生获得X证书提供支持，企业通过基地完成企业真实产品的生产和测试，进行企业员工技能提升和入职培训等活动。通过共建、共用机制，可以充分调动校企多方的能动性，真正实现产教融合，培养专业群创新型高素质技术技能型人才。

13.2.2 打造高水平技术技能服务平台

1. 与新华三集团共建大数据安全创新平台，引领国际数据安全技术发展

发挥学校院士工作站的资源优势，借助新华三集团与重庆市政府的战略合作机遇，由沈昌祥院士指导，基于“人体免疫”的信息安全防御新技术和可信计算技术，与新华三集团双元共建大数据安全创新平台，校企共同研究大数据安全防御技术，成果校企双方共享，由新华三负责技术转化，实现校企双方共赢，形成引领国际数据安全的事实技术标准，引领国际数据安全潮流。建设期内获国家发明专利 10 项、国家级科研项目 1 项、省级科技进步奖 1 项；发表高水平论文 15 篇，各类技术服务年产值 200 余万元，带动一大批创新型技术技能人才快速成长，提高专业群支撑重庆地区乃至长江经济带 11 省市经济发展的能力，为长江经济带绿色发展提供智核服务。

2. 依托 FPGA 中国创新中心，双元协同打造智能应用技术服务平台

通过与“FPGA 中国创新中心”的深度融合，借助其国际知名度高、产业聚合力强、离学校距离近、产教融合基础好等优势，发挥“FPGA 智能可编程芯片”能为智能算法大幅加速的特性，成立“FPGA 中国创新中心”联合实验室，研究在新一代移动互联网、工业互联网等环境下的图像、语音、文本处理等智能技术的集成方案，并结合当前智能产业的热门场景进行应用探索，为重庆乃至西部地区的中小微企业提供咨询及技术服务，实现企业增值年均不低于 500 万元，助推区域经济增长，服务国家新时代西部大开发战略。

3. 依托重庆市大数据产业需求，多方协同打造大数据可视化平台

在重庆市两江新区管委会推荐下，与重庆市政府重点引进的高新企业重庆亲禾智千科技公司合作，由亲禾智千提供大数据可视化项目需求，北京华道日志提供技术和设备，学校提供场地，学生与教师参与，三方共建大数据可视化创新服务中心。亲禾智千科技每年可向中心提供 500 万元的可视化项目，供华道和重庆

电子工程职业学院完成可视化制作任务，不仅提供了多主体共建平台的成功案例，而且通过项目实施，培养了学生创新实践能力。

13.2.3 提升社会服务能力

1. 凝聚智核形成科研合力，引领重庆中小企业快速发展

针对重庆汉龙科技有限公司等中小微企业在经营发展中遇到的技术革新、科技攻关、成果转移转化等关键问题，依托可信计算技术研发中心等 4 个创新技术技能平台的院士、教授、科研骨干等领军人物，成立新一代信息技术科研服务团队，提供科技研发服务，引领中小微企业高质量快速发展。完成技术攻关 10 项，申请横向、纵向科研项目 20 项，申报专利及软件著作权 20 项。

2. 开展精准“应用安全”培训，助力区域经济健康发展

针对信息安全、大数据安全等“应用安全”人才的需求，依托网络攻防对抗与安全态势感知实训基地等 15 个产教融合实训基地的教学名师、技能大师、技术能手等杰出人才，成立新一代信息技术“应用安全”职业技能培训中心，开展分类分级的精准“应用安全”职业技能培训。对城乡居民、就业重点人群、退役军人等开展“就业创业”职业技能培训；对新进员工和转岗员工等开展“新型学徒制”职业技能培训；对骨干技术工人开展“高端产业紧缺型”技术技能职业培训；对企业技术能手开展“领雁”职业技能培训。实现社会服务产值每年不低于 500 万元，累计不少于 2000 万元。

13.2.4 开拓国际化办学新路径

1. 推进高质量合作办学，聚集国际优质教育资源

与加拿大卡那多大学等国际合作院校开展 2+1 或 3+0 模式的联合办学，一方面送出学生留学，一方面接纳海外来校留学生；学生毕业后可同时获得双方院校毕业证书或技能等级证书。通过合作，研制与专业群相适配的国际通用能力标准，开发配套课程；开展双语教学，提高师生外语应用实践能力；选派优秀教师参加

校际交流，推广“重电”经验；提高学生国际化意识，提升跨文化交际能力。专业群最终建立中外合作办学点 1 个，外国留学（交流）生人数达到 100 人。

2. 校企共筑“一带一路”发展共同体，开展优质国际技能培训

与广州唯康教育等涉外企业合作，组建“一带一路”互助共生发展共同体，依托唯康世界技能大赛网络信息布线项目设备支持商的条件，发挥专业群国家级高技能人才培训基地的优势，与唯康一道，服务唯康业务扩展，建立国际交流与职业教育培训中心 1 个，在菲律宾或非洲建立海外实习实训基地 2 个，建立省级鲁班工坊 1 个。开发职业教育国际标准 1 项。开展对外学生技能培训或技术人员进修；与唯康共同开发世界技能大赛标准，开发相关培训资源，提升培训质量；在与唯康合作发展共同体框架内，协助举办“一带一路”国际技能大赛一项，提升“重电”国际影响力。

13.3 建设成效

对标世赛标准，与 360 公司共建具备世界水平的技能大赛集训基地。根据不同的实训基地建设需求，采取灵活多样的合作模式，“政行校企园所”多主体利益相关方共建、共管、共享产教融合实训基地，调动“政行企园所”的能动性，企业以技术投入、资本注入、项目提供等多元投入方式参与产教融合基地建设，紧跟行业前沿技术，对标世界技能大赛标准，高标准建设区域共享的产教融合实训基地。

围绕西部地区和长江经济带的网络安全产业和智能化产业，整合院士工作站、英特尔 FPGA 中国创新中心等院所、行业领军企业优势资源组建高水平技术技能服务平台，服务地区中小微企业创新发展，助力长江经济带绿色产业发展及国家新时代西部大开发战略。

推进合作办学高质量发展，聚集国际优质教育资源；加强校企合作，共同发展壮大，形成“一带一路”互助共生发展共同体。

参考文献

[1] 靳启颖．“双高计划”背景下高职院校档案工作发展现状与对策分析[J]．秘书之友，2020（7）．

[2] 白汉刚，苏敏．中国职业教育体系的演化历程[J]．中国职业技术教育，2012，4（18）：60-66．

[3] 吴升刚．高职专业群建设的基本内涵与重点任务[J]．现代教育管理，2019，（6）：101-105．

[4] 俞启定．新中国成立以来职业教育定位及规模发展演进的回顾[J]．浙江师范大学学报（社会科学版），2019（5）：12-21．

[5] 史光姗．我国职业教育政策法规的演变[J]．职业教育研究，2016（9）：89-93．

[6] 王忠昌．改革开放40年我国职业教育国际化政策的变迁及展望——基于42份国家层面政策文本的分析[J]．职业技术教育，2018（21）：15-21．

[7] 朱正茹．高职院校推进“双高计划”的现实困境与破解策略[J]．教育与职业，2020（9）：43-48．

[8] 周建松．正确把握“双高计划”的站位和定位[J]．现代教育管理，2020（6）：91-95．

[9] 刘晓寒．浅析双高建设背景下高职院校的机遇与挑战[J]．文渊（小学版），2019（7）：405．

[10] 宋志敏．“双高”建设中高职院校专业群建设及其指标体系构建[J]．职业技术教育，2020（13）：12-16．

[11] 邓子云. 中国特色高水平专业群的组群逻辑[J]. 现代教育管理，2020（4）：89-95.

[12] 高羽. 新产业体系构建背景下职业教育存在的问题与对策[J]. 职业技术教育，2018（24）：45-50.

[13] 沈洋. 高职专业核心课程教学基本资源建设思路探究——以计算机网络安全课程为例[J]. 厦门城市职业学院学报，2013（1）：32-36.

[14] 马永红. 基于多塔结构的专业硕士高质量就业研究[J]. 国家教育行政学院学报，2018（8）：33-40.

[15] 陈阵. 面向产业岗位群的高职院校电子信息类专业建设实践策略[J]. 继续教育，2013（8）：46-48.

[16] 白恩健. 以产出为导向的电子信息与电气工程类专业项目驱动教学改革[J]. 高教学刊，2019（14）：133-135.

[17] 何卫华. “双高”建设背景下的专业群建设管理机制探讨[J]. 高等职业教育探索，2019（3）：41-46.

[18] 胡计虎. “双高”专业群建设与区域产业转型升级的融合发展[J]. 教育与职业，2020（13）：51-56.

[19] 王莹华. 高职院校师资队伍建设的探索与实践——以黄冈职业技术学院师资队伍建设为例[J]. 黄冈职业技术学院学报，2017（6）：13-15.

[20] 马国胜. 现代农业专业群构建的探索与实践[J]. 安徽农业科学，2013（34）：13448-13450.

[21] 沈玥. 新时期企业人才培养模式研究[J]. 新财经（理论版），2012（7）：152.

[22] 李海川. 高职院校专业群构建基本路径研究——以连云港师专“港口涉外商务专业群”建设为例[J]. 教育教学论坛，2015（9）：203-204.

[23] 刘佰明. 专业群及其建设意义探析[J]. 科技创新导报，2014（24）：197-198.

[24] 刘佰明. 把握历史机遇，做好专业群内涵建设——北京市高职院校计算机专业群内涵探析[J]. 电子制作，2014（19）：198-200.

[25] 卢永全. 高职土建类专业学生实践能力的培养研究[J]. 山西建筑，2020（4）：167-168.

[26] 赵迪芳. 中职模块化项目课程体系的构建[J]. 教育与职业，2009（3）：116-118.

[27] 蔡洁. 高职院校专业群课程体系构建研究与实践——以南京城市职业学院服务外包软件专业群为例[J]. 教育教学论坛，2019（37）：176-178.

[28] 宋蔚. 高职院校专业群课程体系的构建——基于“底层共享、中层分立、高层互选”[J]. 湖北函授大学学报，2015（24）：111-112.

[29] 黄有福. 高校优质教学资源共享的意义和策略探索[J]. 经济视角，2011（12）：57-58.

[30] 孙建香. 校企产学研联合创新培养模式的探索和研究——以机电设备维修与管理专业为例[J]. 科技经济导刊，2015（11）：76-77.

[31] 杨方琦. 我国高校精品在线课程发展沿革及存在的问题[J]. 数字教育，2018（3）：38-43.

[32] 胡来林. 精品资源共享课建设策略研究[J]. 远程教育杂志，2012（6）：80-85.

[33] 徐建丽. 基于PPT动画的微课教学设计[J]. 高教学刊，2017（8）：83-84，86.

[34] 史歌. 精品在线开放课程建设方案设计探讨——以“城市轨道交通服务礼仪”课程为例[J]. 价值工程，2018（5）：246-248.

[35] 陈新丽. 如何制作高校精品资源共享课[J]. 西安文理学院学报（社会科学版），2015（5）：108-111.

[36] 杨敏. 态势分析法视野下的开大课程建设研究（上）——基于已有在线课程建设的数据分析[J]. 陕西广播电视大学学报，2017（4）：9-14.

[37] 沈卓娅. 对国家级精品资源共享课建设的思考与实践——以“包装装潢设计与制作”课程为例[J]. 创意设计源，2013（5）：50-55.

[38] 高毓乾. 软件技术发展现状研究[J]. 微型电脑应用，2010（12）：1-4，12.

[39] 苗红．高职院校“双师型”师资队伍建设研究[J]．北京财贸职业学院学报，2011（3）：39-43．

[40] 刘加悦．中职教师教育心理素养培养研究探讨[J]．青春岁月，2020（5）：178-179．

[41] 朱厚望．专业群教师队伍建设的内涵、原则及路径研究[J]．长沙航空职业技术学院学报，2018（3）：1-4．

[42] 黄强．新时代教材建设：理念与实践[J]．中国出版，2018（9）：5-10．

[43] 兰必近．高职物流管理专业群及其教材体系建设研究[J]．科教导刊，2012（18）：52-55．

[44] 周天月．浅论网络环境下的著作权保护[J]．楚天法治，2014（8）：19-20．

[45] 蒋丽芬．实践教学体系整体优化下化工实训条件建设工作的系统化[J]．教育与职业，2011（3）：174-175．

[46] 吕建林．基于专业群建设需求的高职实训基地构建——以闽西职业技术学院实训基地建设为视角[J]．闽西职业技术学院学报，2012（4）：25-28．

[47] 杨玮莹．高职院校实训资源共建共享机制的研究[J]．华章，2014(2)：196-196．

[48] 袁晓文．关于职教集团发展建设的几点思考[J]．现代职业教育，2018（14）：1．

[49] 刘玲．我国职业教育产教融合、校企合作的瓶颈及出路[J]．神州，2020（15）：103．

[50] 梁文侠．产教融合中企业尴尬境遇及应对策略分析[J]．职业，2020（12）：100-102．

[51] 袁丽丽．高职医学院校检验专业“产教融合、校企合作”的现状分析[J]．科教导刊：电子版，2020（3）：68．

[52] 王瑞红．国家出台政策支持打造高质量发展“学习工厂”[J]．劳动保障世界，2019（16）：46-47．

[53] 潘丽．高职院校科技服务的现状及对策[J]．职大学报，2008（2）：127-128．

[54] 付菊. 提高高职院校办学水平之国际比较[J]. 河南职业技术师范学院学报（职业教育版），2006（6）：81-82.

[55] 熊惠平. 总部经济的“基地+基地”模式研究——以先进制造业高技能人才培养为例[J]. 职教论坛，2007（3）：21-23.

[56] 郁春兰. 浅析高职院校科技创新团队建设[J]. 现代交际，2019（21）：64-65.

[57] 杨旭. 影视文化视角的大学生思想政治教育观[J]. 现代交际，2019（21）：65-66.

[58] 李庆魁. 基于协同创新的农业高职院校实训基地建设与管理探索——以苏州农业职业技术学院为例[J]. 科技风，2019（35）：2-3.

[59] 张玉清. 校政行企共建产教融合平台培养创新性人才探索与实践——以潍坊工程职业学院食品营养与检测专业为例[J]. 教育教学论坛，2016（5）：114-116.

[60] 张森. “双高计划”视域下高职学校强化科技服务的关键问题探析[J]. 职业技术教育，2020（11）：10-13.

[61] 陈路. 高职院校技术技能创新服务平台建设探索[J]. 岳阳职业技术学院学报，2019（6）：9-12.

[62] 孟凡华. 提高高等职业教育质量需对标国际化[J]. 职业技术教育，2018（21）：1.

[63] 滕越. 基于推进本地旅游业国际化发展改革高职旅游人才培养模式——以秦皇岛市旅游业为例[J]. 科技展望，2014（24）：186-187.

[64] 毛沥悦. 重庆高校课程思政现状与对策研究[J]. 魅力中国，2020（9）：219-220.

[65] 秦韬. 重庆市高职学生心理健康调查与对策研究[J]. 重庆电子工程职业学院学报，2009（1）：19-21.

[66] 方飞虎. 高等职业教育专业群建设评价指标体系构建[J]. 职业技术教育，

2015（5）：59-62.

[67] 朱晓华．重庆市高职高专院校专业结构现状及对策分析[J]．南宁职业技术学院学报，2016（4）：70-74.

[68] 李自臣．新疆高职信息安全云实验平台构建探索[J]．黑龙江科学，2018（23）：9-11.

[69] 曹静．陕西军民融合信息服务大数据平台建设[J]．渭南师范学院学报，2020（5）：86-92，封 3.

[70] 许剑．刍论 IT 行业紧缺技能型人才的岗位分布与相关技能要求[J]．科协论坛（下半月），2008（5）：149-150.

[71] 刘莹莹．信息管理与信息系统专业大数据方向培养模式探索与实践——以北京农学院为例[J]．高等农业教育，2019（4）：60-68.

[72] 刘中胜．基于 OBE 理念的高职院校课程诊断与改进——以大数据技术与应用专业为例[J]．科技创新导报，2019（33）：222-224.

[73] 邱小群．基于产业岗位群循环反馈模型的人才需求预测与分析——以珠海市软件和信息服务业为例[J]．科技资讯，2020（4）：203-205.

[74] 张晓琦．中高职计算机网络技术专业人才培养规格的研究[J]．电子测试，2016（14）：173-174.

[75] 徐秋菊．基于工作过程数据库应用课程内容构建研究[J]．计算机光盘软件与应用，2012（15）：267-268.

[76] 刘鹏飞．计算机网络技术专业人才培养模式研究与实践[J]．福建电脑，2020（7）：78-80.

[77] 王帅．面向 Hadoop 的自适应权限控制方案[J]．中国科技信息，2019（5）：74-75，78.

[78] 罗永有，吴永慧．试论高职软件技术专业《.NET 企业级项目开发》[J]．教育界，2011（15）：50-51.

[79] 陈本晶. 基于大数据时代“检测数据处理与统计”课程的挑战与改革[J]. 佳木斯职业学院学报，2018（11）：42，44.

[80] 陈得友. 基于移动互联网技术的应用型本科软件技术专业核心课程的研究与设置[J]. 信息与电脑，2016（8）：239-240.

[81] 河南工学院党委. 河南工学院：探索“三全育人”模式，聚力推进课程思政教育教学改革[J]. 河南教育（高校版），2019（11）：65-67.

[82] 齐志坚. 政治理论课教师在高校基层党组织建设中的优势和作用的发挥[J]. 法制与社会，2010（2）：205-207.

[83] 汪刚. 信息安全与管理专业人才培养研究与实践[J]. 教育教学论坛，2018（28）：149-150.

[84] 梁爽. 对高校健美操教学中的人文素质教育渗透分析[J]. 浙江工商职业技术学院学报，2016（4）：88-90.

[85] 唐乾林.“网络安全系统集成”精品课程教学改革的探讨[J]. 学园，2010（7）：31-32.

[86] 罗颂. 组网工程课程教学改革研究[J]. 电子制作，2013（11）：157.

[87] 延霞. 关于信息安全专业实验—实训平台建设的思考[J]. 广西教育（职业与高等教育版），2010（12）：85-86.

[88] 吕云翔. 国内外高校“软件工程”课程教学方案浅析[J]. 工业和信息化教育，2017（11）：21-28，38.

[89] 刘万平. 浅谈算法分析与设计课程学生的学习兴趣和教学技巧[J]. 福建电脑，2019（1）：89-90.

[90] 谭昌藩. 中职学校以机器人为载体的单片机应用课程开发策略[J]. 科学咨询，2012（6）：63-64.

[91] 曾光. 新工科背景下密码学实践教学建设探索[J]. 计算机教育，2019（3）：16-18，22.

[92] 马敏. 以应用为导向的贯穿式案例教学法的实践研究——以 Linux 课程为例[J]. 湖北广播电视大学学报，2019（2）：48-51.

[93] 李秀. 基于产教融合的会计专业群建设的探索与实践[J]. 佳木斯职业学院学报，2019（9）：117-118.

[94] 黄朝波. 基于合作博弈的现代学徒制协同育人机制构建——以福州职业技术学院为例[J]. 大连大学学报，2018（3）：115-120.

[95] 张延吉. 课程体系构建的思考[J]. 城市建设理论研究（电子版），2012（35）.

[96] 姜福祥. “五对接”课证融通教学模式研究[J]. 电脑知识与技术，2020，16（32）：130-131，153.

[97] 麦秀芬. 基于服务茉莉花产业发展的课程体系构建与实践研究[J]. 魅力中国，2018（14）：193-194.

[98] 余俊. 浅谈高职精品课程资源建设意义和方法以及价值[J]. 科技资讯，2019（7）：157-158.

[99] 王霁阳. 高职院校推进“1+X”证书制度试点工作的思路与路径[J]. 中国管理信息化，2020，23（13）：204-205.

[100] 秦玉娜. 提升高职院校国际影响力有效途径与方法研究[J]. 科技资讯，2018，16（27）：204-205.

[101] 张新民，吴敏良. 双高背景下高职高专教育专业评价指标研究[J]. 职教论坛，2018（9）：22-27.

[102] 方飞虎，潘上永，王春青. 高等职业教育专业群建设评价指标体系构建[J]. 职业技术教育，2015，36（5）：59-62.

[103] 李龙. 对接产业链的高职建筑工程专业群建设探析[J]. 科技资讯，2019（24）：225-226.

[104] 彭顺生. 基于“底层共享，中层分立，高层互选”的高职专业群课程体系构建——以移动互联技术应用专业群为例[J]. 电脑迷，2017（16）：39-40.

[105] 刘春华．基于产业链发展的汽车专业群建设——以重庆渝北职业教育中心专业群建设为例[J]．新教育时代电子杂志（教师版），2017（12）：290.

[106] 周彬．1+X 证书制度下新能源汽车技术专业建设研究[J]．武汉职业技术学院学报，2019（5）：64-68.

[107] 兰青．高职院校专业群构建案例分析[J]．现代职业教育，2017（16）：30-33.

[108] 邱云．高职院校产教融合校企“双元”育人模式研究[J]．科教导刊，2020（13）：9-10.

[109] 张健．试论高等职业教育理论与实践课程的整合[J]．中国高教研究，2008（1）：63-64.

[110] 舒昌．高职高专院校精品课程建设研究[J]．科技信息，2012（16）：59，62.

[111] 廖波光．“三层进阶、五方联动”高职协同创新育人改革实践[J]．机械职业教育，2020（8）：14-19.

[112] 王珏．专业群建设背景下教学团队构建的思考[J]．中国管理信息化，2014（24）：143-144.

[113] 林青红．“双高计划”下高职院校教师教学创新团队的建设[J]．黎明职业大学学报，2019（4）：39-44.

[114] 陶新．“一带一路”背景下辽宁省民办高校国际化研究[J]．百科论坛电子杂志，2018（1）：716.

[115] 吴升刚．高职专业群建设的基本内涵与重点任务[J]．现代教育管理，2019（6）：101-105.

后　记

目前，专业群已经成为迈入“双高计划”的基本条件，成为评价高水平高职学校的核心要素，成为高职教育高水平发展的重要发力点。目前，国内高职院校对专业群建设的必要性和重要性已达成共识，但在如何建设上仍存在认识误区，仍然没有达成共识和制定统一规范。本次研究聚焦国家“双高计划”“职教二十条”等国家职教政策、对接产业和人才培养质量提升，开展专业群建设路径研究。此外，随着2019年国家“双高计划”的启动实施，全国职业院校开始探索专业群建设，还处于探索阶段，目前还没有较成熟专业群建设路径，本次研究对接双高计划开展专业群建设路径研究，研究成果可以为兄弟院校提供参考。

作　者

2021年7月20日于重庆